「ごちそうさま」もらったのは“命”のバトン

～子どもがつくる“弁当の日”10年の軌跡～

竹下和男●香川県綾川町立綾上中学校

「しばらくすると〝弁当の日〟のことで
家族との会話が増えていくことに気がつきました。
〝弁当の日〟のいいことって、
このことかなあと思いました。」

「独立宣言！」弁当

「すげー。お前なー、ここまで
焦げる前に気がつくやろうが」

「すまん。実は今まで、親に作ってもらってた。

今日、生まれて初めて自分一人で作ったんや」

「おー、よかったなぁ」

「うん。この次はもっとうまく作る」

〝苦手な野菜もおいしい〟
自分で料理して気づいたこと

「自分で弁当をつくるようになり、
言われる側になって分かった。
食事の間に聞く『おいしい』は
作った人と食べる人の心を温かくするから、
素直に言えることが
一番いいと思うようになった」

「私と家族を少し近づけてくれる“弁当の日”」

「簡単な炒め物や味噌汁、焼き魚、
卵料理くらいはできるけれど、
手の込んだ料理はほとんどできませんでした。
『〝弁当の日〟提唱者が、こんなレベルの弁当ですか』と
思われるかな、という不安もありました……」

「もう一つ、楽しみにしていることがあります。
それはおかずを交換することです。
友だちのおかずの味付けなどを
次の〝弁当の日〟の参考にして役立てています。
でも、本当は、他の料理も
食べたくて交換しています。」

「してもらった」楽しいことは「してあげたくなる」

「家族と同じ空間にいること、
親しく会話することが嫌になることもあります。
そんな私と家族を
少し近づけてくれる日があります。
それが〝弁当の日〟です。」

「ハムカツを作る時に油が飛んで大変でした。
ヒジキを作るときに火の調節が分からず、
鍋をこがしてしまいました。
たくさん失敗もしたけど、
やっていくうちに失敗は減っていきました。
でもまだまだです」

生きる力、料理する技を
世代間でバトンタッチ

〝弁当の日〟の休み時間は、職員室で〝弁当の日〟の話題に花が咲きます。

「○○さんが5時半に起きて作ったたって!」

「えー、あの子がー!」

「しかも、ハンバーグに挑戦している!」

「すごーい。信じられない!」。

教師たちの心もほぐした “弁当見せっこ”

今でも、あなたたちの入学式のことをはっきりと覚えています。
そして1年目の1学期、1年団の先生たちは2度、
崩壊寸前まで追い込まれました。
授業が成立しない、
先生の短い話もじっとして聞くことができない日々が続いていたからです。
学年主任の松本先生は私の考えを否定して、
「この子らは誉められていません。誉めて育てたい」と主張し、
本当に根気よく取り組みつづけたのです。

「校長先生、この子たち、もう大丈夫です！」
と、松本先生は1年生の夏休み前に、
あなたたちの卒業式までの成長を予言しました。

あなたたちの成長に、私たちはどれほど勇気づけられてきたことでしょう。
つまり、あなたたちが、綾上中学校の教師集団を育てたのです。
あなたたちはそのことを一生の誇りにしていい。
そして、あなたたちと向き合った先生たちも、
卒業していく「あなたたちの未来」を一生の誇りにします。

（ご卒業おめでとうございます。150ページより）

綾川中学校　前校長　竹下和男

「ごちそうさま」もらったのは〝命〟のバトン

もくじ

はじめに

「忙しい日程だが、私の在職年数は残り2年しかない。6月に1回目の〝弁当の日〟をスタートさせたい」

と綾上中学校に赴任した私が4月初めの職員会で構想を話すと、

「校長先生、4月29日のPTA総会の日に〝弁当の日〟をします」と教務主任の松野美香代教諭。

「えー。その日は保護者に私が〝弁当の日〟の説明をする予定の日やで」

想定外の反応にびっくりしている私に、松野先生はニコニコしながら答えてくれた。

「はい。でも生徒も職員もそのつもりです。テーマは〝おにぎり弁当〟にしています」

定年退職まで2年を残して、私は地元の綾川町立綾上中学校への異動を命じられた。平成20年3月21日のことだ。私の教員生活の終着駅となるこの学校でも〝弁当の日〟を実施したかった。

しかし、綾南町（現綾川町）立滝宮小で3年、国分寺町（現高松市）立国分寺中で5

年、校長として勤めたが、どちらも〝弁当の日〟をスタートさせたのは赴任して2年目だった。新しい校長が新しい試みをするのは2年目になることが多い。なぜなら、4月に赴任した時点で、その年度の年間計画は前任の校長のもとでほとんど完成しているからだ。それに新校長が職員との信頼関係を形成する期間も必要だ。

学校現場は、組織のトップである校長が指示すれば、すぐに教職員がついてくるというトップダウンの世界ではない。学校ごとに、これまでの児童生徒、保護者、教職員、地域の人たちが構築した特色ある年間行事予定や週行事予定がある。それはその学校の「文化遺産」とも言える。

児童生徒、保護者、そして教職員も入学・卒業のたびに構成員が変化する。教師集団とは、個々に異なる指導力、個性をもった集合体で、春の人事異動のたびに組織力も変化している。やがてその変化は「文化遺産」の世界に吸収されていく。それがその学校の「伝統」でもある。

4月1日の職員会で新任校長が新しい提案をしても、それまでに三か月以上も費やして慎重に調整し、複雑多岐に編成された教育課程や行事予定、職員の職務分担は変更がほとんど効かない。新年度がスタートしてから準備を始めていては始業式、入学式、そして新学期の授業に間に合わないのだ。だから異動発表後、綾上中に赴任するまでの一週間で練った私の「〝弁当の日〟6月スタート」の提案でさえ、職員への「無理を承知のお願い」だった。でも、実際は教職員の人事異動が発表された日から動き始めていたらしい。


人事異動が発表された日、綾上中の職員たちがささやき合った。

「新しく竹下校長が赴任してくることになった！」

「・・・」

「あの校長が来たら、必ず〝弁当の日〟が始まる！」

「・・・」

「〝弁当の日〟をスタートさせる準備をしよう！」

「・・・うん・・・」


4月29日は年に一度のPTA総会の日。授業参観の4校時を終えると、全校生徒は持参した「おにぎり弁当」を食べ、その様子を見学した保護者が体育館に移動した。

PTA総会に集まった保護者に、私は自分で作った弁当を公開し、30分の講演をした。「30分の話で、何が伝わる?」懐疑的だったある父親は、講演途中から涙を流しはじめ、「たかが弁当、されど弁当」と思った。そして、高校生の息子のために毎日、弁当を作りはじめた。ある母親は、地元で数年前から私の講演を何度も聞いており、〝弁当の日〟に向けて、すでにわが子を台所に立たせていた。

滝宮小学校で〝弁当の日〟をスタートして8年目になっていた。『〝弁当の日〟がやってきた』と『台所に立つ子どもたち』（ともに自然食通信社）を上梓し、九州ブロック紙の西日本新聞社が「食卓の向こう側」（8部）に掲載した5年目から急速に実践校が、福岡県から全国へとひろがり始めた。〝弁当の日〟をひろげようとする仲間が「〝弁当の日〟応援団」と称して、草の根運動を展開し、新たな段階に入ったことを痛感していた。

2年間しかないが、「滝宮小でも国分寺中でもできなかった新しい試みができるかもしれない」そんな予感が日増しに大きくなっていった。

第1章

子どもが作る“弁当の日”の物語

“親は手伝わないで！”

献立から買い出し、調理、弁当箱詰め、片付けまでをすべて子どもだけにさせる“弁当の日”。

提案した当初は保護者から「校長先生、無理です」と言われた実践が、なぜ全国の学校に広がっているのか。

それは、これまでの学校教育ではできなかった“学びの世界”を実現したからです。

誰が、何を学んだのかを考えてもらうために、“弁当の日”にまつわる物語を紹介します。

2人のお父さん

「先生、〝弁当の日〟はつらいです。母親がいる子どもの家庭では、一緒に楽しく親子で弁当作りをしているようですが、うちは離婚をしたので母親がいません。わが子に弁当の作り方を、私は教えてやれないのです」

父親の訴えに担任はたじろぎました。

これは〝弁当の日〟実施前から、予想された声でした。担任も〝弁当の日〟がないほうがいい、とも思いました。ふつうに学校給食を食べさせていれば、こんな悲痛な父親の訴えは聞かなくていいのです。

ほぼ同じ内容の訴えを父親から聞いたもう1人の担任がいました。私は2人の担任を放課後に校長室に呼びました。そして、夜に父親が帰宅する時刻に家庭訪問をしてもらうことにしました。私の想いを父親に伝えてもらうためです。担任には気の重い仕事でした。

私には「父子家庭の父親にそういう声があるのなら〝弁当の日〟をやめます」

という選択肢はなかったのです。

それぞれの担任が、２軒の家庭で父親と向き合いました。

「男の子は、料理なんてできなくてもいい」と、〝弁当の日〟反対派の父

「お父さん、離婚するほうがいいのか、しないほうがいいのか、とことん時間をかけて話し合ったのでしょう。そして、別れるほうが家族のためにいい、という結論を出したのでしょう。

別れることが決まって、どちらが子どもを引き取って育てるかについても、とことん話し合ったのでしょう。そうしてお父さんが引き取ったのでしょう。

そのお父さんが、〝この子は、お母さんがいないからかわいそうだ〟なんて言ってはダメですよ。引き取った以上は、〝わが子が一人前になるまで私が育てる〟という行動に出てくれませんか」

修復不可能となった不和のあとの離婚は、夫婦で出した結論です。自分のほうが子どもを引き取ったのも、夫婦で出した結論です。

親の不和から生じた状況（父子家庭）にある子どもを〝かわいそう〟なんて、父親が他人事のように言ってはいられないのです。

「はい、分かりました」と、２人の父親は答えたのでした。２人のお父さんの声は、大きくはなかったけれど、決意を感じさせました。


１人のお父さんは以前から〝弁当の日〟反対派でした。

「うちの子どもは息子です。結婚すれば奥さんが料理を作ってくれるから、男は一生、料理ができなくてもいい」が、その理由でした。だから離婚後も、台所仕事は全部おばあちゃんに頼っていたのです。

離婚後、徐々に息子は父親の言うことを聞かなくなりました。子どもにすれば「親の仕事を

していない父親を認めない。母親と弟を追い出した父親が憎い」ということでした。

「一緒に練習しよう」料理メモ片手に台所に立ち始めた父と息子

その父親が、家庭訪問の翌日、「おばあちゃん、料理、教えてくれ。俺、台所に立つ」と言ったのです。息子はビックリです。

「男は台所に立たなくていい」が信念の父親が、お米のとぎ方やみそ汁の作り方を、おばあちゃんから教わり始めたのです。おばあちゃんだって、奥さんがいなくなった父親に「男子、厨房に立つべからず」なんてことを言っていられなくなったのです。

息子は、父親の行動がにわかに気になり始めました。休日にはテレビを見ながらメモしている姿を見ました。料理番組でした。また本屋で料理の本を買ってきて、台所でページをめくり、何度も本をのぞき込んで確認しつつおかずを作っている父親の姿を目にしました。

〝弁当の日〟が近づいたある日、息子は「ちょっと台所へ来い」と父親に声をかけられました。料理本の写真を指さしながら「このおかず、この次の〝弁当の日〟の弁当に入れてみんか。一緒に作る練習をしよう」。

息子は思わず、「父ちゃん、ありがとう」と言いました。そのとき、父親に「お前な、学校に行ったら先生の言うこと聞けよ」と言われて、「うん」と息子は素直に答えたのでした。

講演の中で、「心の真ん中に感謝の心を置きなさい」と児童・生徒に訴えています。大人への激しい憎しみを持って生きている子は心も体も成長しにくいのです。

そんな子は、大人の教えを吸収することはありません。表情の中に、大人への憎しみやあざけりが漂っています。表情が「お前の言うことなんか、誰が聞くか!」と訴えています。

でもこの息子の表情は、「憎い父親」が「大好きな父親」に変わったとき、一変しました。

「〝弁当の日〟だけでも帰ってきてくれんか」

もう1人のお父さんは女の子を育てていました。

娘は激しく母親を憎んでいました。「お母さんは私を捨てた。追い出したのはクソ親父」と考えていました。

「私が大切なら、私を連れて行ってくれたはず。私が大切なら、仲直りをしてこの家に残ってくれたはず。私を残して家を出て行ったお母さんが憎い」

そして父親の言うことも先生の言うことも聞

く気になれません。

担任の家庭訪問の数日後、「話がある」と父親が娘を呼びました。

不機嫌で、けだるそうな娘にこんな話がありました。

「今日、母さんの所へ行ってきた。父さんな、母さんに頭を下げて頼んできた。

『〝弁当の日〟が近づくと娘がさびしそうにしている。弁当の作り方が分からんでつらそうにしている。

俺は娘に弁当の作り方を教えてやれん。すまん。追い出した俺がこんなこと言えんのは分かってるけど、帰ってきてくれんか…。弁当の日だけやけど』」

父親の話に、娘の表情から険しさが消えていきます。

「そしたらな、母さんが〝帰ってもいいの〟と言ったぞ。だからこんどの弁当の日は母さんが帰ってきてくれるぞ。弁当の作り方、母さんに教えてもらえ」

「〝弁当の日〟は、別れたお母さんが帰ってくる日に」

母親の〝帰ってもいいの〟は、今でも娘だと思っていること、帰りたがっていることを娘に伝えるのに十分な言葉でした。あれほど憎しみ合い、仲直りができなかった父親が、母親のところへ頭を下げに行ってくれたのです。娘のために、です。

照れくさそうにしている娘から小さな声が出ました。

「お父さん、ありがとう」

「わが校には母親のいない子がいる。その子は〝弁当の日〟につらい思いをするだろう。だから〝弁当の日〟をしない」。そんな考えなら、こんなステキな2人のお父さんは出てきませんでした。

「たとえ離婚をしたとしても、子どもを一人前に育てるためには自分のできることをする。〝かわいそうな子〟として育てない。子どもの健やかな成長は父親と母親の共通の願い」

そんなことを行動で示してくれた二人の父親に、私も「大感謝」です。

それは感謝の気持ちです。〝弁当の日〟の感想文に彼女は書いています。

「〝弁当の日〟は、別れたお母さんが帰ってくる日になりました」

かわいそうな子のために〝弁当の日〟を実施しない。

それって〝かわいそう〟な状況を

そのままにしておきましょう、ってことになりませんか。

つぎのようなささやきをずいぶんと聞かされてきた。

「子どもが作る〝弁当の日〟が実施できるのは、わが校のようには生徒指導上、荒れていない学校だ。器物破損、いじめ、校内暴力、学級崩壊や給食費の未納問題が多く、保護者対応にも疲れる日々のわが校では無理だ」

「〝弁当の日〟を始めたら、うちの学校には弁当を持ってこられない〝かわいそう〟

な家庭の子がいる。学校給食を食べさせていれば、その〝かわいそう〟が見えにくいからいいのだ。普通の弁当を持ってこられない〝かわいそうな子〟のためにもわが校では〝弁当の日〟を実施しない！　これは、〝教育的配慮〟だ」

……でも、〝弁当の日〟の実施校は全国47都道府県で1000校を越えています。どの実施校も、似たような状況の中からスタートしたと思いませんか。

子どもだけで作った、ごはんとおかずが入った普通の弁当を一年で数回、学校に持参することができない子どもたちの家庭を考えてみましょう。一年間の食事は3回×365日＝1095回。学校給食は年間で約180回。家庭に任された食事は一年間で900回以上もあるのです。学校給食の約5倍の回数です。〝かわいそう〟な子がちゃんと食べていると思いますか。

親の手料理を一度も食べたことがない子がいます。

菓子パンやカップ麺やコンビニ弁当を日常的に食べている子がいます。

夏休み、冬休み、春休みがすむと痩せて登校してくる子がいます。

長期の休み中、家庭で十分な食事をしていないのです。

「学校給食で、かろうじて栄養バランスが保たれている子どもたち」がいる

ことを学校管理栄養士は知っています。

学校給食は学校の責任ですが、それ以外の食事は家庭の責任です。でも、日々の食事を普通に摂れていないことに起因する全国の子どもたちの心と体の憂うるべき状況は、「学校」や「家庭」や「地域」といった守備範囲の境界線を引いた子育てでは解決できないと考えています。

学校の中で、教師が教師の仕事をできるようになるためには、親や地域の人たちの支援が必要なのです。

そして、親や地域の人たちにとっても同様なことが言えるのです。

子どもは国の宝です。未来の国を支える人材だからです。

家庭と学校と地域の大人たちが連携して、子どもたちに、「あなたたちを育てるのは楽しい。あなたたちの成長はうれしい」というオーラをたっぷり浴びせませんか。

〝弁当の日〟はそのオーラなのです。

２年も前に講演先で、母子家庭でも全く食事を作っていない母親の話を聞きました。作れないのです。料理を全く知らないまま結婚し、子どもができても、義母が全部作ってくれていました。

子どもを引き取って離婚。仕事の関係で実家には帰れず、毎日外食か、スーパーやコンビニで弁当を買ってくる生活なのです。

そうなると、「〝弁当の日〟は、母子家庭はともかく、父子家庭がかわいそう」って言っていられる状況ではないのです。それに両親がそろっていても、手料理を全く食べていない家庭も多くあるのです。

父子家庭や母子家庭の子どもを〝かわいそうな子〟と言わないほうがいいです。離婚も死別も同じです。昔の家庭環境

には戻せないし、拒めない現実なのです。お母さんは命がけで産んでくれたのです。

現実を受け止める強さを育てていく姿勢を周囲の大人が持つべきです。

〝かわいそうな子〟という親や周囲の人の感覚が子どもに伝わっているのです。

「自分ってかわいそうな子なんだ」と。

お父さんとお母さんがいたから生まれたのです。今日まで育ててくれた人がいるから、今、生きていられるのです。

まずは、そのことに感謝です。

「父子家庭」の父親や「母子家庭」の母親が、わが子に「あなたはかわいそうじゃない。私がいる！」と言い切ることが大切だと思っています。

そのために行動を起こせばいいのです。

わが子に「子育ては楽しい」という
背中を見せる日々を送ればいいのです。

〝弁当の日〟は、そのチャンスを生み出す、と思っています。

仕返し弁当

滝宮小学校での2年間、そして国分寺中学校の1年間の〝弁当の日〟を実施してきた時点で、私は一度も弁当作りにテーマを与えたことがありませんでした。でも、国分寺中の2年目は家庭科の先生に希望を告げました。3年間で7回（1年生2回、2年生3回、3年生2回）の〝弁当の日〟ごとにテーマを設け、最後は「誰かに食べてもらいたい弁当」にしてほしい。

母親へのプレゼントは〝冷凍食品〟ぎっしり弁当

まず、プレゼントをする人を決める。次にその人から食べたいごはんとおかずを取材する。それを作る練習を学校の調理室でして、〝弁当の日〟の朝は同じ弁当を2個作る。1個はその人にプレゼントし、もう1個は学校に自分の弁当として持参する。

このテーマの弁当作りは国分寺中の〝弁当の日〟総決算でした。これまでの6回のように自分が作れるおかずを入れたら完成、というのとはレベルが違います。

プレゼントしたい相手が食べたい料理が作れないといけないのです。プレゼントする以上は栄養のバランスも、調理、盛りつけも完成度が大切になってきます。

一度も作ったことがない料理にチャレンジする可能性が大きくなります。プレゼントする相手を誰にするかで、その生徒の心情も読み取れます。

ほとんどは祖父母、父母、兄弟姉妹ですが、「今は亡きおじいちゃんに」とか、「（離婚して家を出て行った）お父さんに」というのも出てきました。

さて、3年生のある女子生徒が持ってきた弁当箱の中身を見て担任が首をかしげました。すべてのおかずが冷凍食品でした。聞けば、ごはんもです。

プレゼントの相手は母親でした。

「手料理は作らなかったの？」

と問われて彼女は、きっぱりと答えたのです。

「私は今日まで、お母さんの手料理を食べたことが一度もありません。だから、仕返し弁当です」

この「仕返し弁当」の言葉に、講演会場から、反射的に唸るような、悲鳴のような声が出ることがあります。

一瞬、呼吸を止めて、ひきつるような表情になる人もいます。

「わが子に、一度も手料理を食べさせていない」と思い当たったのかも知れません。

「手作りではないけれど食べさせてきていたのに、それだけでは子どもは満足していないのか？」とビックリしたのかもしれません。

実は、手料理は「あなたを大切に思っています」というメッセージになるのです。

料理とは、食材の「命」に、手間ひま（時間、寿命の一部）という、作る人の「命」を和えるいとなみ

なのです。

先日、こんな話を聞きました。

「人生の最後に食べたいものはなに？」のアンケートに、30歳代の男性が「お母さんの手作り弁当」と答えました。この答えはさほど目新しいものではありません。驚いたのはその理由でした。

「私は母子家庭で育ちました。私は一度も母親が作ってくれた弁当を食べたことがありません。食卓には毎朝、弁当代が置いてありました。そのお金で弁当やパンを買って食べてきたのです。母はすでに他界しています。だから、これは決して食べることができない弁当なのです」

成人した人がなぜ、母親手作りの弁当を欲しがると思いますか。それは自分の存在価値があることを確認するためです。

2週間後に体育館で、800人近い全校生徒に話す機会がありました。

「この間の〝弁当の日〟に、おかずもごはんも一〇〇パーセント冷凍食品の弁当をお母さんにプレゼントした人がいます。一度も手料理を食べさせてくれなかったから〝仕返し弁当〟だったそうですが、仕返しの仕方を間違えています。

あなたたちがするべき仕返しは手料理の弁当をプレゼントすることです。その弁当を食べた親が〝これから、時々は料理を作るからね〟と言ってくれたとき、仕返しができたことになるのです」

「親」世代は〝台所に立つことは意味がない〟と育てられたのだから

「なぜだか分かりますか。その人はお母さんに手料理を食べさせてほしかったのです。だったら、してほしいことをしてあげればいいのです。

〝してくれないから、してやらない〟なんて憎しみをつなぐ生き方をしていたら、いずれ〝仕返し弁当〟を受け取る側になるよ。その憎しみを断ち切る生き方をしなさい」

「それと、もう一つ。手料理を作ってくれない親を軽々しく〝悪い〟と言わないように。あなたたちの親の世代は、台所に立つことは意味がないというふうに育てられているのです。受験勉強や部活動やお稽古事を最優先する環境の中で大人になってきたのです。

自分で考えれば分かるはずです。小学校、中学校の家庭科の授業だけでひと通りの料理ができるようにはなりません。高校に行っても、大学に行っても、就職をしても台所仕事は後回しにされている現実があります。つまり、あなたたちの親世代は、料理が出来なくって普通なのです。

でも国分寺中学校を卒業していくあなたたちは違う。先生たちが必死になってこの3年間で一生の宝を渡そうとしている。家族によろこんでもらえる10や15の得意料理を持って卒業しなさい。だから真剣に〝弁当の日〟と向き合いなさい」

〝弁当の日〟というと、拒否反応を示す母親は多いのです（父親は自分の仕事でないと考えている人が多い）。家族のために料理や弁当を作らない人は〝母親として失格〟という雰囲気がまだまだ日本の世間に根強く残っているからです。

これは間違えています。まず、家庭の料理は母親だけが担うものではありません。当然、父親も台所に立つべきです。父親が台所に立たないのなら、母親が台所に立てる環境を父親が整えるべきです。

もう一つ。特に戦後の数十年間、全国の多くの親が、台所に立たせることを軽視した子育てをしてきました。高学歴や特技を持たせるために、勉強や習い事を優先させてきたのです。だのに結婚や出産を機会に、台所に立てない親は失格といったものの言い方をされてしまいます。

料理ができないまま親になった人にすれば、

「料理をさせてくれなかったのに、〝料理ができない〟と叱られる」


ということです。これは理不尽な非難です。

こんな今、大切なことは、料理ができる親を増やす方策を講じることです。なぜなら、子どもは自分の食事を作る親の、手間ひま（命）のかけ方から自分の存在価値を常に計ろうとしているからです。

最初に記した30歳代の男性は「母さん、俺って、手料理を作って食べさせたいと思わない存在だったのか。もしそうなら、俺を産んだことを後悔しながら死んだのか？」という問いを、日々、繰り返して生きているということです。

　親はお金を渡して、子どもに好きなものを食べさせていれば責任を果たしていると考えることが多いようですが、子どもは胃袋ではなく心が満たされていない、と訴えています。それが私のいう「心の空腹感」です。

　この空腹感は「心（命）を込めた料理」で満たしてやらないといけないのです。料理とは、食材の命に自分の命を和えることなのです。子どもは、そんなふうに、手料理の中の親の命を受け取ろうとしているのです。それも命のバトンタッチなのです。

いま、調理技術を持っていない親たちは悲しがる必要はありません。これから料理の楽しさを知る余地が大きい、と思えばいいのです。これは、〝弁当の日〟をきっかけに、積極的に台所に立ち始めた私自身の確信です。

子どもたちが〝弁当の日〟に取り組み始めたら、
親も一緒に成長すればいい。

明るく、苦手意識を払拭する行動にでればいいのです。

子どもは、謙虚に成長していく、そんな親を尊敬します。感謝します。そして自分も成長していくのです。

ピーマンくさっ！

〝弁当の日〟を何度も経験した学校で、こんなことがありました。

「〝弁当の日〟は楽しいけれど、早起きがつらい」と悩んでいた男の子がいました。真剣に悩んだから解決策を思いつきました。「おい、6人のグループで弁当作りをせんか！

一品持ち寄り形式！」

それを聞いた友だちは即座に「それ、いい！」。

「食べてもらう」と「食べさせてもらう」をちゃっかりセット

1品6人前のおかずを作ることは、6品1人前のおかずを作ることよりはるかに簡単であることを、子どもたちは〝弁当の日〟の経験から学んでいるのです。

1人前のサラダを作るのと、6人前のサラダを作るのは時間的にほとんど変わりません。大変なのは6種類作ることなのです。この方式なら時間はかからないし、友だちが作った5種類の料理を食べられるという〝おまけ〟もついています。

思いついた男の子が「どうせなら、グループでテーマを決めよう！　テーマは中華だ。おれはギョーザを作ってくる！」と言いました。彼の得意料理はギョーザでした。皮まで手作りのギョーザを自慢したかったのです。

「誰か、中華風サラダと中華風デザート、それとチャーハンと唐揚げとスープを作ってくれ」と頼むと、「私、チャーハン」と手を挙げた子がいました。その子の得意料理はもちろん、チャーハンです。

男の子は即座に言いました。「俺、ピーマン嫌いやからな」

自分がチャーハンを作るのなら、彼はピーマンの入っていないチャーハンを作ればすむこと

です。でも一品持ち寄り形式は、自分が作った料理以外は友だちに作ってもらうことになるのです。

その言葉を聞いた女の子が、心の中で密かに決心しました。「この子に〝ピーマン入ってるけど、このチャーハン、旨い〟と言わせたい」。なぜなら、その子のチャーハンは、家族に人気があったのです。でもさらに工夫をすることにしました。それはピーマンの苦さと臭さを減らすことでした。

〝おいしく〟工夫の自信作に「うわー、ピーマンくさっ！」

一品持ち寄り形式の〝弁当の日〟は、「食べて

もらう」と「食べさせてもらう」がセットになっているのです。ちょっと大げさかもしれませんが、子どもどうしにそれなりの信頼関係がない学級では、この方式は使えません。その分、個別のおかず交換とは違うレベルの仲間意識が生まれます。

〝弁当の日〟当日、2週間の努力の成果を持参した彼女は、持ち寄り弁当を見せっこする1時間目、彼にせがまれて6人前のチャーハンが入ったタッパーを開けました。

そのとたん、その彼が「うわー、ピーマンくさっ!」。

彼女は泣きそうになりました。でも必死で泣くのをこらえて、その後の授業を受け、楽しくない〝弁当の昼食〟をすませ、午後の授業を受けました。そして放課後、〝弁当の日〟の感想文を書きました。

私も「おかず、おいしくない」って
お母さんにおし返した…

今日の〝弁当の日〟は一品持ち寄り形式になりました。私のグループはテーマが中華になりました。私はチャーハンを作ることになりました。そしたら○○くんが、〝俺、ピーマン嫌いやからな〟と言いました。その時私は○○くんに喜んでもらえるチャーハンを作ろうと思いました。

この2週間、毎日のようにチャーハンを作る練習をしました。ピーマンを切るサイズや形を変えてみました。炒めるときの火力を変えてみました。香辛料の組合わせは何通りも変えました。そして、やっと○○くんに喜んでもらえるかな、と思えるチャーハンが作れるようになりました。今日の朝、早く起きてたくさん作ってタッパーにいれて持ってきました。

でも1時間目、私がタッパーのフタを開けたとたんに〝ピーマンくさっ！〟と言われました。私は、○○くんに喜んでもらうことだけを考えて、この2週間、練習してきたんです。でも、その子に言われたんです。〝ピーマンくさっ！〟って。

それから後は授業中も〝つらいつらい〟と思い続けていました。お昼はおいしくなかったです。午後の授業も、〝つらいつらい〟と思い続けていました。でも〝弁当の日〟の感想文を書く頃になって思いだしたことがありました。

この間の晩ごはんのとき、お母さんが作ってくれたおかずを私は一口食べて、「母さん、このおかず、おいしくない」と言って、皿をお母さんの方におし返したんです。その時のお母さんの気持ち、〝ピーマンくさっ〟て言われた時の私とおんなじようにつらかったんだ。お母さんも私に喜んで欲しくって一生けん命作ってくれていたんだ。だのに「おいしくない」って言って食べなかった。

この間だけじゃない。今までに何度も「おいしくない」と言って食べなかったことがある。そのたびにお母さんは、こんなにもつらかったんだ。でも、お母さんは一度も「つらい」と言わなかったから気がつかなかった。

お母さん、ごめんなさい。

これから先、お母さんが作ったおかずを「おいしくない」とは二度と言わないことにしました。

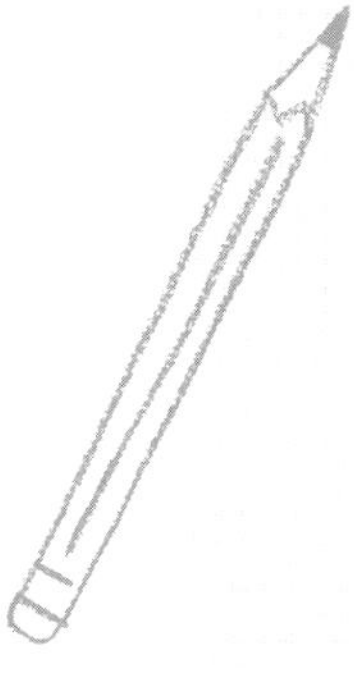

この子は一生の宝ものを手にしました。

それは食事を作る側になって初めて気づいたことでした。今まで食べる側だけで生きてきたから、料理に込められた思いに気づいていなかったのです。

小・中学生のいる講演会場で、このエピソードを聞かせたあとに「家族が作ってくれた料理を、おいしくないって言って食べなかったことがある子は、正直に手を挙げてごらん」とたずねることがあります。何分の一かは気まずそうに手を挙げます。「もう、言うなよ」というと、ほとんどうなずいてくれます。そして「あなたたちは、今、この時期に、作る側の経験をしておかないといけない」と付け加えます。

「人のことを考えることができる共感脳が育っている時期だから」。

学校給食の残食が減りました。〝弁当の日〟実施との因果関係は調べていません。でも相関関係はあると思っています。アンケートによると、〝弁当の日〟を実施しても好き嫌いは変わっていませんでした。残食が減ったことについては、子どもが答えたのは「作ってくれた人の気持ちが分かるから残せません」ということでした。

もちろん、学校給食を提供する側もこの言葉に応えなくてはいけません。

こげこげ弁当

〝弁当の日〟の前夜、息子と母親の会話。

「母さん、あしたの〝弁当の日〟は俺に弁当を作らせてくれ！」

「馬鹿なこと言わないの。弁当を作るのはお母さんの仕事。

あなたは勉強をしなさい！」


「母さん、〝弁当の日〟はな、自分で作ることになっているんや。友だちも、だんだんと自分で作り始めている。なあ、弁当を作らせて」

「そんなこと考えなくていいの。さあ、自分の部屋に行って勉強しなさい。今晩、遅くまで頑張るのよ。明日の朝は、これまでどおりにちゃんと母さんが弁当を作ってあげとくから、それを提げて学校に行きなさい。弁当作りのために早起きする必要はないからね」

「母さんな、みんなが弁当箱を開けて、自分が作った料理の自慢をしている教室の中で、俺は弁当箱を開けてなんてしゃべればいいんや。しゃべりようがないやないか。確かに1回目はほとんどの友だちが親に手伝ってもらっていた。でもな、本当にみんな自分で作りはじめているんや。なあ、今度は4回目やで、作らせて」

「あなたの仕事は勉強！　弁当作りは母さんの仕事！　さっさと勉強しなさい」

「そんなこと言わんと作らせてよ」

これまで、わりとすんなり母親に屈服していた息子が、この夜は引きさがりません。


〝弁当の日〟は学校の仕事ではない、という話をよく聞きます。

だから、台所に立たせることに価値を感じている家庭だけが、親の責任においてすればすむことだ、というわけです。

でも、学級や学年や学校が〝弁当の日〟に取り組む大きな価値は、実はこの場面にあるのです。

やがて、母親のほうが根が尽きました。吐き捨てるように「そこまで言うんだったら、自分で作りなさい！」。

「生まれて初めて自分ひとりでつくったんや！」

そして翌朝、男子生徒がたった一人で作ったのが「こげこげ弁当」でした。

台所で、また母子の口論が始まりました。うれしそうに弁当箱をのぞきこむ息子に母親が、

「もしかして、この弁当、学校に持って行って、みんながいる教室の中でフタを開けて食べるつもり？」

「母さん、バカか。フタを開けんと食べられん！」

「そんなこと言ってない！　こんなに焦がした

弁当をみんなの前で食べられたら、母さんがいつも焦がした料理を作っているように思われる。それがつらい。お願い。カラアゲもタコウィンナーも卵焼きも作っている。なあ、入れ替えて」

「バカなことを言うなよ。俺は自分で作った弁当を持っていく！」


教室に着いた男子生徒は、弁当の見せっこをしている友だちの輪の中に入っていきます。親に作ってもらった弁当のときはできなかったことです。その弁当をのぞきこんだ友だちがビックリです。

「すげー。お前なー、ここまで焦げる前に気がつくやろうが」

「すまん。実は今まで、親に作ってもらっていた。今日、生まれて初めて自分一人で作ったんや」

「おー、よかったなぁ」

「うん。この次はもっとうまく作る」

私は、この失敗作の弁当が大好きで、勝手に彼の弁当にタイトルをつけました。

「独立宣言！」

この男子生徒が、母親に抵抗を続けてまで、なぜ弁当を作ろうとしたのか。それは同級生の成長にあるのです。〝弁当の日〟が繰り返されるたびに、生徒の調理技術は上がります。生徒どうしが刺激をし合うからです。作っていなかった生徒は敏感にそのことを感じ取っているのです。

「友だちはどんどんうまくなっていくのに、自分は取り残されてしまう。確かに、最初は親に作ってもらっている友だちも多かったから、あまり気にしなくてよかった。でも、回を重ねるごとにあせりが大きくなってきた」

先生や親が弁当を自分で作りなさいと言うより、弁当を自分で作りはじめた友だちとくらべて〝このままではいけない〟と思わせるほうが、よほど大きな意欲づけになります。

これは大人になりたいという、本能が導く自然な感情だと思っています。

〝弁当の日〟の反対者は「子どもだけで作る〝弁当の日〟といっても、結局、親が作ったり、コンビニ弁当を弁当箱に移し替えたりする生徒がいるに違いない」と言います。まったくご指摘のとおりです。でも、だから〝弁当の日〟は意味がない、とはならないのです。

〝弁当の日〟が始まって4回目のこと。白いご飯の上に焦がした肉とナスとタマネギをのせただけの弁当を持ってきた中学の男子生徒がいました。その焦げ具合がハンパじゃありません。3回目まで、きれいな弁当を持ってきていただけに、その落差が強烈でした。

でもそれは、大きな成長の証でした。

〝弁当の日〟には「自立」という大きなねらいがあります。それは子どもの「親離れ」だけでなく、親の「子離れ」も含めています。こんなに焦げた弁当を持っていけば、クラスの中でいじめられないか、みじめな思いをしないか、変なあだ名をつけられて不登校になったり、一生〝負け組〟になるきっかけになったりしないかと、親はマイナスイメージを膨らませるのです。でも、

子どもは、失敗をする権利があるのです。

失敗から学ぶことが大切です。

親や教師が気をつけたいことは、失敗をさせないことではなく、失敗にくじけないたくましさを育ててやることです。

わが子のこんな失敗を我慢できない親が多いのですが、失敗をして成長していく子どもに気づいたときに、子育てのイライラが減ります。台所がちらかったことや食材が無駄になったことが、決して無意味ではなかったと思えるようになるからです。

この生徒が、母親から「もしかして、この弁当、学校に…」と追及され、「フタを開けけんと食べられん」と答えたのは、「見栄え」よりも「自分で作った」ことに価値を置いていたからです。親は「世間体」から憂慮することが多いですが、親の心配を超えたところで、子どもって結構ダイナミックに成長するものです。

だから、こげこげ弁当は多くの中学生に「独立宣言したい！」という勇気を湧かせる貴重な弁当なのです。

これまでに、綾上中学校の生徒が〝弁当の日〟をテーマに県内で開かれた弁論大会に出場しています。その一人の内容の一部を紹介します。

「ありがとう」「おいしかった」と言われるうれしさ

2年　横井　夢子（弁論大会から）

私が綾上中学校に入学して約2週間で〝弁当の日〟がやってきた。私の頭の中ではいろんなことがグルグル回っていた。

朝、何時に起きるの？　自分一人で作れるの？　買い出しとかしたことがないのに。

そんなことを考えているうちに〝弁当の日〟の前日になった。

学校で考えた献立の紙を片手に母と一緒に買い物に出かけた。当然買い出しなどしたことない私はあたふた。母の後を追い、力を借りて、やっと買い出しを終えた。

次の日、私は五時半に起きた。もちろん一人で弁当など作ったことがない私は、ここでも母の手を借りた。そして、やっと弁当が完成した。学校へ来て、私はびっくりした。友だちはすべて自分一人の力で作ったと聞いたからだ。正直、私はとてもあせった。友だちはきちんと〝弁当の日〟の約束を守っている。その点、私は守れていない。

「やばい」と思った。そして、「次の〝弁当の日〟こそは自分の力で」と心に決めた。

そして私は〝弁当の日〟を何度も体験していくことによって、母の力を借りる回数が減っていった。五時半に起きて、登校するぎりぎりまでしていた弁当作りも、いまでは六時に起きても間に合うようになった。〝弁当の日〟を通して、いろんな喜びがあり、いろんなことを学んだ。

一つ目は、自分一人で作れる料理が増えたこと。今まであまり台所に立ったことがなかった私は、作れる料理がとても少なかった。しかし、今ではたくさんの料理を作ることができるようになった。

二つ目は「ありがとう」「おいしかった」と言われるうれしさを知った。私は〝弁当の日〟に父や兄の分まで作った。その夜、帰ってきた父や兄の口から「うまかったで。ありがとう」と言われた。とてもうれしかった。次も作ろうと思った。

三つ目は、母のすごさだ。母はこんな大変なことをしてくれていたのだと実感した。しかし私は一度、母の弁当を嫌がったことがある。母はとても嫌な思いをしたことだろう。私はとても後悔している。今なら、絶対言わないのに…。（中略）

〝弁当の日〟は、私の考えを変えた。

四つ目は「いただきます」「ごちそうさま」の大切さが分かった。今まで何気なく言っていた言葉だけれど、今ではとても大切なことなんだなぁと思っている。私たちのせいで命を落とす動物や野菜たちのためにきちんと言わなければならないと思った。

私は〝弁当の日〟をもっと多くの学校でしてほしいと思う。（略）そして何よりも弁当作りの楽しさを実感してほしいと思う。

3枚の写真

〝弁当の日〟は、スタートして11年目になる2011年も、5・6年生だけ実施しています。1年生から4年生は給食がありますから、当然ランチルームに入りますが、5・6年生にも弁当を持ってランチルームに行くように指示しています。

5、6年生の〝自慢弁当〟横目に「はやく5年生になりたい！」

滝宮小学校にはランチルーム（食堂）という施設があります。当時（綾南町）も今（綾川町）も、町内の小・中学校のすべてが自校調理方式です。そして調理場の隣がランチルームです。子どもたちはカウンター越しに、できたばかりの給食を受け取り、ランチルームの食卓の上に配膳します。

9月から始まる「縦割り給食」は、6人掛けのテーブルに各学年1名ずつ座ります。つまり、6人のうち5・6年生の2人が自分で作った弁当を食べ、1～4年生の4人が給食を食べるのです。5・6年生は給食を食べないし、弁当は教室にあるのだから、ランチルームに行かなくても昼食は食べられるのですが、わざわざそうしているのです。

1年生から4年生の子どもたちに5・6年生の弁当をのぞかせるためです。町内の給食は、町外から転勤してきた先生たちにも評判のいいおいしさなのですが、自分の好きなおかずを詰め込んだ5・6年生の自作弁当に、ついつい目が行ってしまうのです。それはあたりまえのことです。4年生までの子は自分と同じ給食を食べていますから、となりの給食をのぞく意味がありません。でも5・6年生の食べている弁当は、ひとりひとり違うものなのです。そして思うのです。

「はやく5年生になりたい」

もちろん、自分で作った、好きなおかずがいっぱいの弁当を食べたいからです。

この写真を講演会場に映し出すと笑い声が聞こえてきます。

レーザーポイントで1年生の視線の先をたどっていくと、さらに反響が増します。主役は自分で作った弁当を食べている6年生の女の子ではなくて、その弁当をのぞき込んでいる隣の1年生の男の子です。

Rakure

あこがれだった6年になったら、自分にもあこがれの視線が

羨ましそうに見入っている、幼い1年生がかわいいのです。

その男の子は、たとえば、こう考えます。「早く5年生になりたいが、その前にトンカツ弁当が作れるようになっておきたい。お母さんが作ってくれるおいしいトンカツを自分でも作れるようになって、友だちに自慢したい」

斉藤孝さんの著書『子どもに伝えたい三つの力』（ＮＨＫブックス）の「あこがれにあこがれる」というフレーズからヒントを得た方法です。こういう場面を設定さえすれば、子どもは意欲的に台所に立ち始めるものです。

教師はこういう意欲付けの手法を、内発的動

機付けと言います。

次の写真も同じシーンです。こんどは1年生と4年生の2人が6年生の弁当をのぞき込んでいます。2人とも牛乳のフタを取ろうとしているところで、手がピタッと止まりました。となりの6年生の弁当箱のフタが開いたからです。そして、羨ましそうな視線を送っています。6年生の男の子の顔が何ともいえず、いいでしょう。小学生とは思えない悠然とした落着きがあります。

もう講演活動を全国でたくさんしてきました。私の講演を数年前に聞いたという方が、〝弁当の日〟で育ったわが子の話を、行く先々で聞かせてくれるようになりました。

「前回、講演を聞いて、さっそくわが子を台所に立たせ始めました。〝こんなにもやりたかったのか〟と思うほど意欲的だったのでビックリです。しかも料理だけでなく、何事にも積極的になりました。自信ってすごいですね。顔つきまで変わったのです。先生の〝子どもたちは料理ができないのではないのです。やらせていないだけ〟という言葉が本当だったとつくづく思いました。次に生まれた子も、もう台所に立たせています。今、3歳です」

これは、つい先日、某県の講演後にあるお母さんから聞かされた話です。

さて、この6年生の子どもの顔に見覚えがありませんか。実は、さっきのぞいていた子なんです。

ここで、映し出している写真を一枚、後戻りします。会場に、「おー」という歓声や楽しそうな笑い声があふれます。拍手が起きることもあります。子どもの成長がうれしいのです。そして、また写真を1枚、前に進めます。

生きる力、料理する技を世代間でバトンタッチ

「〝弁当の日〟は2001年にスタートしました。私を〝弁当の日〟の初代の校長とすると、現在は四代目の校長です。後任の校長が全員、〝弁当の日〟を続けてくれているのです。

ということは、右端の男の子が、今年、高校2年生です。そして、こののぞきこんでいる真ん中の1年生の女の子が今年、小学校6年生です。滝宮小学校は〝弁当の日〟をスタートして11年目です。ずっと5・6年生だけの〝弁当の日〟を続

けているのです。会場のみなさん、次の写真が予測できますか。これです」

会場の人たちが予想したとおりの写真が映しだされ、そして拍手と歓声です。

上級生の弁当をにらむように見ていた女の子が、かわいい笑顔で弁当箱を開けています。そして、隣の1年生と4年生は、やっぱりあこがれの視線です。

「私が何を訴えようとしているか、分かりますか。

お祖父ちゃん・お父さん・孫息子、あるいは、お祖母ちゃん・お母さん・孫娘の三世代を写したのです。上の世代がしていることを、あこがれの気持ちをもって生きてきた。自分が成長して同じことができるようになった時、自分をあこがれながら見ている次の世代がいる。

命がバトンタッチされるように、生きる力や料理する技も自然にバトンタッチされるべきです。そんな世代間のつながりを具体的に学校のランチルームで、子どもたちに見せたのです」

この3枚の写真を撮るために、10年かかりました。

＊

エピソードはすべて、実話を加工したフィクションです。

私が勤めた滝宮小、国分寺中、綾上中のエピソードだけでなく、全国の講演先で出会った話や、全国から届いた感想文の内容も編み込みました。それは当事者が特定されるのを避けるための手段です。物語の登場人物が特定され、当事者に不愉快な思いをさせた苦い経験から、アレンジを加えることにしたのです。

だから読後に、「これは、部分的に私の話だ」と思う人は、全国にたくさんいるはずです。

これらの物語は「本当にあった話」として読んでほしいけれど、「どこの誰なのか」という詮索は意味がないのです。

必ず、「子育てとは何か」「自分にできる何か」を考えるヒントになるはずです。

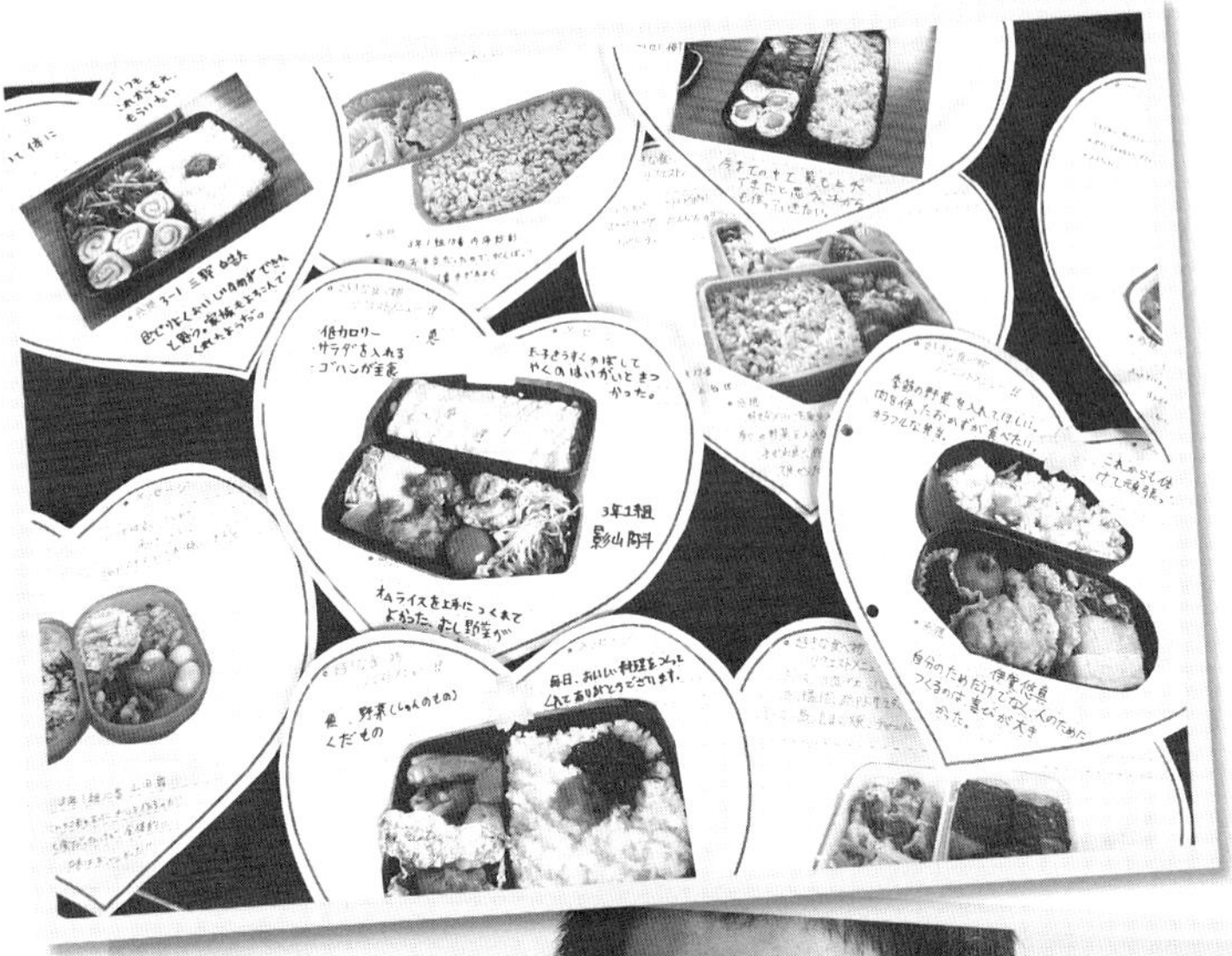

第2章

綾上中学校の〝弁当の日〟

〝弁当の日〟の提案者として、全国の学校が実施意欲を感じてもらえる具体的な方法はないものか？　思いついたのは、〝弁当の日〟の楽しさを生徒たちに伝えられる教師集団の育成。そのためには「してほしいことをしてみせる」のがいい。校長が教員に、そして教員が生徒に。

〝弁当の日〟の朝、「校長室の弁当見せっこ」は回を重ねるごとに職員の笑いを誘い、輪は広がり、教室にまで届きはじめた。

教員生活の終着駅　綾上中学校へ

定年退職（60歳）まで2年を残して、綾川町立綾上中学校への異動が決まりました。在任期間は短いけれど〝弁当の日〟を実践したいと考えていました。しかも、何か新しい試みもしたいと思っていました。

私自身は綾川町立滝宮小では2年間で11回、高松市立国分寺中では4年間で15回の〝弁当の日〟を実施しました。滝宮小は約300人の児童数、国分寺中は約800人の生徒数でした。私の「教員生活の終着駅」となった綾川町立綾上中は約130人の生徒数です。

この3校を簡潔に表現すれば滝宮小は「田園の町の学校」、国分寺中は「高松市のベッドタウンの学校」、綾上中は「山里の学校」です。綾上中の近くには高松空港、滝宮小の近くには、連休に数万人が訪れる巨大なショッピングモールがあります。

3校での〝弁当の日〟実施回数は、児童・生徒の実態や指導体制、地域の状況を考慮して、家庭科主任を中心に決めました（滝宮小では5・6年生の2年間で10回。国分寺中では3年間で7回。綾上中では3年間で19回）。〝弁当の日〟は、実施日はもちろんですが、それ以上に、目的意欲を持った次の〝弁当の日〟までのインターバルで成長を確かなものとします。

子どもは、〝弁当の日〟で友だちの弁当に刺激を受けて「よし、この次の〝弁当の日〟はあれを作ってみよう」と考えるものです。インターバルは長すぎれば意欲は薄れてしまいます。短かすぎれば上達しないうちに当日になり、意欲よりも負担感が大きくなります。

〝弁当の日〟を全国に広げたい！

滝宮小のときは、〝弁当の日〟ごとに新聞社・テレビ局に取材依頼をしていましたが、ほとんど取材に来てくれませんでした。国分寺中に異動した２００３年に、滝宮小の実践で「地域に根差した食育コンクール」の最優秀賞を受賞してからは、〝弁当の日〟のたびにマスコミ取材や視察者の申し込みがありました。多いときは１００人近くになり、県外からバスで学校に乗りつけてくるということもありました。

私は〝弁当の日〟を全国に広げようとしていましたから、その対応（ミニ講演、解説、質疑応答、案内）を仕切ってきました。また、教職員のマスコミ対応の負担を減らしたいという気持ちもありました。

生徒たちには「来校者に質問されたら自分の体験や感想をはきはきと答えなさい。写真を撮られたくない人はその意思表示をしなさい」と体育館で話してきました。

来校者には「教育的配慮のうえで、誰に何を聞いてくれてもかまいません」と任せてあったので、回を重ねるごとに自然体で応援できる子どもたちは増えていきました。マスコミに注目されている取り組みをしていることが生徒の弁当作りの意欲付けに一役を担っていたと思います。

さらに〝弁当の日〟を通して、親から自立していく成長のようすも感じ取れるようになっていきました。

でも、滝宮小と国分寺中の〝弁当の日〟では気がかりなことがありました。

保護者の身勝手な無理難題増え
ますます多忙な教師たち

現在の学校現場は超多忙です。どの職種でも多忙なのでしょうが、教員生活の38年間を終えて、つくづく〝昔はのんびりしていた〟と振り返るのです。それはヒマだったという意味でなく、今よりはじっくり子どもと向き合えたということです。

たとえば、30年前の中学校では次のようなことは職務内容になかったと思います。不登校、引きこもり、薬物乱用、エイズ教育、コンピュータ教育、職場体験学習、外国人による英語指導、あるいは外国人への日本語指導、ケイタイ、テレビゲーム、悪徳商法対策…。つまり、急激な社会の変化やグローバル化、技術の進歩から、学校教育の場で指導する事柄が増える一方なのです。小学校も同様です。

これらの職務のために研修を受け、計画が練られ、実践して報告となると、多くの書類作成や会議の時間が必要になります。それは子どもと向き合う時間がどんどん減るということです。

そして、保護者対応は年々難しくなっています。親が「子どもを人質にとられている」と考えて、間違っていることも指摘できないという雰囲気はよくないことですが、今は、明らかに自分勝手な無理難題を声高に訴える保護者もめずらしくなくなりました。それに、信頼を得られない仕事をしてきた教師もいますから、話はついついこじれるのです。

教職員は新しい〝弁当の日〟に取り組まなくても、悲鳴をあげたいくらい十分に忙しいのです。だから〝弁当の日〟を実施することは他校と比べて「余分な仕事が増える」と言えます。私は〝弁当の日〟が「教師が教師の仕事に専念できる環境づくりに必ずつながる」という信念がありましたから、〝弁当の日〟をやめるつもりはありませんでした。

それでも正直、教職員への遠慮はあったのです。だから担任たちに〝弁当の日〟関連の細かな指示を与えるのは極力避けてきたつもりです。

〝弁当の日〟にむけて、校長から「○○してほしい」「△△してはいけない」という言葉が職員朝会や職員会議で多くなると、担任は窮屈に感じてきます。担任は自然体で、自分の個性を生徒に浸透させる権利があると私は強く思っています。私自身が担任時代は、そのように学級経営をしてきたのです。

担任が演出家として子どもたちを刺激できたら

しかし、〝弁当の日〟の朝、友だちといっぱい話したいことがあったのに、なんとなく開放的な気分になるタイミングがないまま、弁当を食べる時間も含めて教室全体が妙にシーンとして、ほとんど会話もなかったとき、子どもたちの落胆は大きいのです。そして次の〝弁当の日〟がしんどくなります。

〝弁当の日〟で学級づくりを目指すなら、担任は優れた演出家でなければなりません。盛りつけや彩りのよくない弁当に、瞬時に楽しいコメントを言える担任でなければいけません。びくびくしながら弁当箱のフタを開けた子どもの表情をパアーっと明るくしてやれるリアクションができる担任でありたいものです。十分におかずがない子や、はっきりと失敗作の弁当に優しさや勇気を与えられることが大切です。

要するに、生徒の不安を取り除き、認めてほしいという思いに呼応し、お互いの努力を見つけ、称えあえる仲間たちがいるクラスを作れる担任の技術が必要なのです。

ある小学校の〝弁当の日〟を見せてもらった時、一人ずつみんなの前で弁当を紹介していた教室がありました。

子どもたちは弁当紹介の仕方が分からず、照れ笑いの子どもがいたずらに時間を費やし、全体の流れが分からない無神経な友だちの突っ込みでますます萎縮して重苦しい空気が教室の中に淀んでいました。そんな場面ではすぐに淀んだ空気を払拭する手を教師が打たないと、順番を待つ子どもたちはますます苦痛になってきます。

子どもたちの様子を見ていれば、紹介したがっているかどうかが分かるはずなのですが、適切な助言もできずに、盛り上がらない紹介を最後までさせる教室があるのです。そうなると、そのクラスは次回の〝弁当の日〟に楽しみを見出せません。

〝セルフレポート〟で
五感がとらえた情報を記憶

子どもたちに楽しい発表をさせるには2つのポイントがあります。内容と練習です。

いい発表内容をみんなに持たせるためには、いい取材をさせるに限ります。

つまり、弁当作りの献立、買い出し、調理、弁当箱詰め、片付けのそれぞれの場面で、上手く出来たこと、失敗したこと、みんなの参考になることを話せるように、〝弁当の日〟の前日と当日の自分自身を取材させるのです。

弁当作りをしている最中に目、耳、鼻、舌がとらえた情報を記憶させるといい。弁当作りの最中に、「あっ、このことを友だちに話したい！」という内容をたくさん発見するよう意識付けをうまくしていれば、どの子にも楽しく個性的な発表ネタはあるものです。漫然と弁当作りをして、当日、発表前にワークシートに書かせても、発表できる内容を何も思いだせない子が多いのです。

いきなり全員の前で発表すると、うまくいかないものです。ついつい気おくれしてしまうからです。だから練習の最初は数人のグループの中でするのです。

たとえば「買い物に行ったときに何か新しく発見したことがあった？」と問うてみるのはどうでしょう。誰かが「牛乳は棚の奥の方に新しいのが置いてあった」と言えば、「豆腐も揚げも一緒や」とか、「古いものから割引のシールを貼っていた」というふうに自由に話しやすくなる。

友だちの話に刺激され、思いだした話が出はじめるとしめたものです。その話

をちゃんと教師が誉めながらとり上げることだ。そうすれば他の子が安心して「自分にも言えることがある」と語り始めるのです。

最近は、発表する前にワークシートに文章を書かせる教師が多いのですが、多くの時間がかかり、しかも教室の空気を重くしていることのほうが多いと感じています。この作業の難点は、書いたことを読むから、直前の発表者からもらった刺激を反映した発表にならないということです。つながっていく発表は、発表のたびにそれまでの内容に上乗せをしますし、発表者の新しい気づきを生みますから、いいスパイラルが生じます。

「このおかず、何?」「作り方教えて!」との質問も出てくると、書いていなくても話すことに抵抗感がなくなってきます。弁当作りの場面ごと、グループ内でのフリートークの楽しさを体験させれば、取材力のコツが分かってきます。そうなると弁当を作りながら、友だちに話すネタをどんどん拾えるようになってくるのです。

これはコミュニケーション能力を育成していることにもなるのです。

分かり切ったことですが、それが苦手な担任、できない担任がいます。

滝宮小でも国分寺中でも、教師向けにそのような指導の時間をとりませんでした。教育課程の中に新しいことがらを持ち込むのは難しいのです。保護者が学校側に〝弁当の日〟の導入を訴えても、「指導の時間がない」と校長が答えるのは決して怠慢からの逃げ口上ではありません。

校長の私も、毎回、弁当を作る！

滝宮小も国分寺中も自校調理方式でした。学校の敷地内に調理場があり、自分の学校の子どもと教職員用の給食がそこで調理されていました。だから、教職員の誰かが「検食」をすることになります。

学校で一年中、授業がないのは校長だから、自校調理方式の学校では校長が検食役を引き受けることが多くなります。滝宮小でも国分寺中でも私は検食役でした。校長が不在の時は教頭らが代役を務めていました。

検食とは、その日に供される給食を30分前に食べることです。摂食後、体調に異常が出ることがないかを確認する安全対策、つまり毒見役なのです。給食の30

分前ということは、午前中の最後の授業中の時間帯になります。

　私自身が〝弁当の日〟に弁当を作ったのは滝宮小で2回、国分寺中で3回でした。決して弁当作りを避けていたのではありません。私以上に忙しい教頭らに検食を頼むのを控えたことと、弁当を食べている子どもたちの写真を撮るためには、検食役は好都合だったからです。検食のおかげで、昼食をすませて、教室やランチルームでスナップ写真の撮影に専念できました。

　ところが、綾上中は少し事情が異なりました。綾上中の給食は自校調理方式ではなく、学校給食センター方式でした。しかし、もともとは自校調理方式時代の綾上中の調理場が綾上町給食センターに改築されたものだから、位置的には自校調理方式と同じでした。

そして、検食役には給食センター長がいました。念には念を入れて、給食を配送された各学校・幼稚園・保育所側も検食役を置くが、これまでよりは検食の責任が軽くなりました。だから、決めたのです。

「〝弁当の日〟には、毎回、私も弁当作りをしよう！」

〝弁当の日〟ごとの視察者やマスコミ対応で、私の昼食はいつも一番遅くなり4時まで自分の弁当にありつけなかった日もありました。それでも、写真撮影には専念出来てよかったです。

自作の弁当の〝見せっこ〟を教職員たちに提案

国分寺中は生徒数が８００人前後の大規模校でしたが、綾上中は１３０名前後の小規模校です。生徒数が少ないから、本来なら家庭科教員も配置されない小さな中学校です。しかし、町教育委員会が家庭科の講師を配置してくれました。これまで他校での〝弁当の日〟の取り組みを評価してくださっての支援でした。

これは学校側にすれば大変ありがたいことです。それは家庭科の教員免許を持っていない教員に家庭科の授業を頼まなくてよくなるからです。全校で6クラスですから家庭科の授業時数は週6時間と少ないのですが、道徳、学級活動、選択の授業や総合的学習の時間の授業をお願いできます。教員数が増えれば校務や行事での仕事の分担も楽になり、生徒の個別指導がより可能になります。

国分寺中と比較すると教職員の数も半数以下の20名ほどになりました。私は県教育委員会の指導主事として3年、管理主事として3年の計6年間、綾歌郡内のすべての教職員と関わってきていましたから、綾上中学校に赴任したとき、ほぼ全職員がすでに顔見知りでした。

さらに教頭、教務主任、1年主任、2年主任はかつての「戦友」で気心も知れていたし、私の教え子の教員もいました。最初から家庭的な教師集

団をつくりやすい環境が整っていたのです。

〝弁当の日〟、校長室で教職員の「弁当見せっこ」を始めました。これまでの2校ではしていない試みです。

1時間目、「私が作った弁当を校長室に見にきませんか。強制ではありません。かまわなければ先生たちの弁当の写真も撮らせてください」と職員室や事務室に声をかけたのです。私も恥ずかしかったし、プレッシャーもありました。それは教室の中の生徒と同じです。

5人兄弟の末っ子で、通信簿には毎回のように「もう少し積極性がほしい」と書かれてきた自分です。料理だって得意ではないし、結婚してからも料理好きの妻に頼り切って、もっぱら食卓の配膳や片付けを専門にしてきたのです。

簡単な炒め物や味噌汁、焼き魚、卵料理くらいはできるけれど、手の込んだ料理はほとんどできませんでした。「〝弁当の日〟提唱者が、こんなレベルの弁当ですか」と思われるかな、という不安もありました。

だからこそ、先生たちにしてほしいことを、して見せる校長であろうとしたのです。古い殻にこもった校長でなく、新しいことにチャレンジしている校長を見せようとしたのです。それは教師自身が「弁当の見せっこ」の楽しさを校長室で味わい、自分の教室で再現したいと思わせる仕掛けでした。

キンチョーぎみの校長室に「すごーい」「校長先生、上手！」の歓声

〝弁当の日〟の朝、１時間目が始まると、事務室や保健室の先生、１時間目の授業がない先生がぱらぱらと校長室に弁当を提げて入ってきました。

応接セットのテーブルの上には私の〝苦心作〟を置いておきました。弁当箱は国分寺中のＰＴＡ役員がプレゼントしてくださったものです。

まずは自分から見せにかかります。この、フタを開けるまでの一瞬の間が大切です。のぞきこむ職員の期待感を一点に集中させ、一気に爆発させるためにです。

「すごーい。校長先生、上手!」「おいしそう!」なんて声が先生たちから聞こえたとき、還暦が近い自分でさえ、とっても報われた気分になりました。胸を張りたくなりました。この気分を生徒ひとりひとりに経験させてほしいのです。集まった先生たちの弁当も素敵でした。弁当箱のフタが開くたびに、歓声があがりました。彩りの鮮やかさ、盛りつけのセンスの良さに、弁当作りの楽しさが感じられます。集まった人たちから賛辞と歓声をもらって、弁当作りのテーマ(郷土料理、旬の食材、バランス、チャレンジなど)へのアプローチを説明する先生たちの表情は個性で輝いていました。

彩りを添えるためだけに紅葉狩りに出かけた先生がいました。

曲げわっぱの弁当箱を作るために、杉の名産地である高知県馬路村の魚梁瀬に泊まりがけででかけた先生がいました。

魚の干物を作るために釣りにでかけた先生がいました。

食材や味付けや手順についての質問がでると、うれしそうに答えてくれます。自分の体験をそのまま話せばいいだけですから身構える必要なんてありません。それは自分の頑張りを聞きたがってくれている仲間の存在を改めて確認している場面なのです。

機知に富んだほめ言葉や、次々と出てくる先生たちの明るい「突っ込み」に笑いが絶えず、最初は緊張していた先生たちの心が解きほぐされていくのが手に取るように分かりました。

お互いが刺激をもらっていることがよく分かります。自分もやってみようかなと思える内容が多いのです。「私の弁当は、なんの工夫もない、普通の弁当や」と言いながら開けた弁当も同じように歓声に包まれていきました。特別な工夫などなくていいのです。卵焼きだって、カラアゲだって、ちょっとした隠し味や手順の工夫が、作る楽しさを倍増してくれていることに気づくのです。

こんなふうにして「自分が食べるものは自分で作ることができる」生徒たちを育てるために、してほしいことをしてみせる教師の姿勢を見せ合ったのです。

「してもらった」楽しいことは「してあげたくなる」

校長室に集まった先生たちの様子を見ながら「教室で起きてほしいことが、いま、ここで起きている」と、私は心の中でほくそ笑んでいました。そして「こんな楽しい場面を教室でも作ってください」とは言いませんでした。校長室の「見せっこ」の楽しさを体験した教員は、自然に自分の教室でも楽しい演出ができるのです。

人間はしてもらった楽しいことを、人にしてあげたくなる傾向を持っています。それは社会生活を営む人間にとって本能のようなものだからです。

そんな場面はもう一つ、とても大きなプラスの影響を子どもたちに与えます。それは教員も成長過程にあり、今も向上心をもって自分を磨いている姿を生徒に見せていることです。

生徒に手作り弁当を作らせておきながら、自分は妻や夫に作ってもらったり、コンビニ弁当を買ってきたりする担任は生徒の信頼を得られません。口先で理想論はぶちまくるけど、自分自身は逃げてばかり、ごまかしてばかりの先生は生徒から尊敬されないのです。

教師にとって大切な資質は、絶えざる向上心と適度の謙虚さと果敢なチャレンジ精神です。〝弁当の日〟に出会うまで台所に立ったことがない先生はたくさんいます。そんな先生の初挑戦は生徒からの熱い視線を浴びるのです。そして、完成した弁当の未熟さが教師の評価を下げることはありません。向上心、謙虚さ、チャレンジ精神から、その先生の評価は高くなるのです。

人事異動で綾上中に転入することになった先生は「弁当を自分で作らんといかん」と覚悟しています。「生まれて初めて弁当を作りました。朝4時起きでした。しかも学校に来たらマスコミ攻勢。これも初めてです」と言った男性もいました。

「こんなバカらしい実践なんてできるか」「校長には私に手作りの弁当を作らせる法的根拠はない」とうそぶいている担任だと、その学級の生徒は「先生自身が嫌がっている。意味のないことを私たちにやらせている。私も〝弁当の日〟をしたくない」と思うようになります。

してほしいことをして見せればいいのです。校長が教職員に。教職員は生徒に。

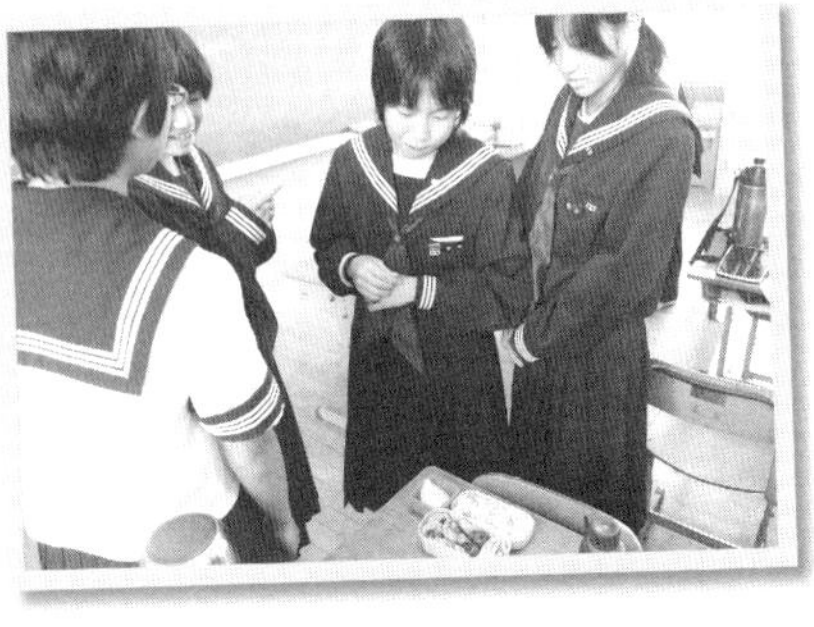

楽しい〝弁当見せっこ〟は生徒にも伝播

校長室の楽しい「弁当見せっこ」が教室に伝搬したことは多くの生徒の作文に出てきました。教師は生徒たちの弁当のでき具合を評価しません。そもそも学習指導要領に書いていないことをしているのだから、「栄養バランス」「盛り付けのセンス」「調理技術の多様さ」「適正なカロリー」等の評価の観点を決めたり点数をつけたりする必要がないのです。でも「弁当見せっこ」で生徒は弁当作りを楽しみながら腕を上げていきました。

弁当作りをしている生徒たちにとって最大の関心事は友だちのリアクションと言っていいのです。「おいしそーー!」「かわいい!」「上手!」「なにこれー!」「すごい!」の言葉を発しながら社会性が育ち、社会力がついていくのです。

「とってもうれしかった
おとうさんからの『おいしかったよ』」

2年　山田　雅子（のりこ）

私は、今は〝弁当の日〟が好きです。友だちと一緒に作ってきたものを見せ合って楽しいからです。

〝弁当の日〟の始まりは、竹下校長先生が来たことから始まりました。初めに〝弁当の日〟があると聞いたときは「最悪」とか「めんどくさ」とかそんなことばかり思っていました。「こんなことして何の意味があるん?」とも思っていました。（略）

友だちと一緒に話しながら献立を考えていると、だんだん楽しくなってきました。（略）

朝早く起きるのがとてもつらかったです。でも、作っていると、また楽しくなりました。完成すると、早く友だちに見せたいなあと思いました。友だちの弁当も見たい、と思いました。学校に行くと〝弁当の日〟の話題が多かったです。（略）

友だち同士で見せ合いをしました。すると「のりのかわいい」とか「すごい」とか言ってくれて、とてもうれしかったです。（略）二回、三回、四回としていくたびに、レベルが上がっていって、何を作ればいいのかまよっていました。

でも、しばらくすると〝弁当の日〟のことで家族との会話が増えていくことに気がつきました。〝弁当の日〟のいいことって、このことかなあと思いました。母とは「次、何作る?」とか「いつ買い物に行く?」とか話していました。姉とは「次、作るヤツ、いっしょや!」とかを話していました。私はすごいなあ、と思いました。親子の会話が増えると、家の中が明るくなります。

一年生の時、お父さんに初めてお弁当を作ってあげました。するとお母さんが「たぶん、お父さんは泣きながら食べるわ」と笑いながら言っていました。その夜、お父さんが帰ってきて「おいしかったよ」といてくれました。なぜか、とってもうれしかったです(泣いたのかな?聞いていない)。お母さんも「私も作ってもらわな」と言っていたけどまだ一回も作っていません。作って、「おいしかったよ」といてほしいです。

そして二年生になって、もっとすごいのを作りたいなあっと思いました。(略)そして〝弁当の日〟の前の日に下ごしらえをしてやる気満々でした。でも寝坊してしまってあまり時間がありませんでした。時間ぎりぎりで作りました。栄養のバランスも見た目の色どりが悪くって、良くない弁当でした。でも、味はよかったです。

二年生になって初めての〝弁当の日〟に失敗するなんてショックでした。でも、今はその失敗もよかったのかなあ、と思います。

いつの間にか教職員みんなが支えてくれていた〝弁当の日〟

2・3時間目になって校長室に来てくれる先生もいます。授業の関係でそうなるのですが、事務室の水澤さん・田中さん、保健室の森先生は、校長室の近くで仕事をしているので、そのつど、明るい応援団になって校長室に来てくれました。

誰が校長室に来ていないかのチェックもしません。たぶん2年目の途中ごろには全職員が校長室に来てくれるようになりました。会合やマスコミ対応などで、私自身が校長室にいないこともありました。そんなときは校長室の「弁当見せっこ」は実施できませんでした。

〝弁当の日〟当日に赴任してきた講師や、たまたま訪問日と重なった学校カウンセラーも手作り

の弁当を持って校長室に来てくれました。事前に知らされていないと給食がないので、あわてるだろうと松野先生が連絡をしてくれていました。綾上中に関係した教職員みんなが〝弁当の日〟を支えてくれました。

そんな校長室での先生たちの楽しい〝弁当見せっこ〟を生徒は目にすることがありません。生徒たちは授業中だからです。生徒も、他のクラスや他の学年の弁当も〝弁当の日〟後に、教室や廊下の掲示物で知るのみです。

だから私は趣味の写真撮影を生かして全校生徒と、その弁当が一度は登場するスライドショーの他に「〝弁当の日〟と先生たち」を制作し、体育館で上映会をしました。これは地元の公民館でも上映会をしました。

町内の小中学校を回って仕事をしている方が、

「綾上中学校の職員室の雰囲気は他の学校とは違いますね」と言ってくれました。家庭的な雰囲気が漂っているというのです。

ある先生への不満を持っていた保護者が「○○先生って、いい先生なんですね」なんて感想を言ってくれたこともありました。スライドショーの上映会はそれなりに効果をあげた実感を持っています。

〝弁当の日〟について国語の先生が感想文を書かせたものが届きました。そのなかにスライドショーについて書いている生徒が一人いました。一部分ですが紹介します。

「私も作ってあげたい」

2年　寺島早紀

（略）私は校長先生の作るスライドショーがいつも楽しみです。いろんな人のいろんな弁当が見られて楽しいです。ノリで文字を作ったり、いろいろな材料で顔を作ったり、かわいく包んでいたり、みんなの弁当はすごいと思いました。みんなが弁当を食べている顔もおもしろいです。口を大きく開けて食べていたり、友だちと笑っていたり、とてもおもしろいです。

前のスライドショーで家族にお弁当を作ってあげた子の話がありました。お父さんやおばあちゃんが泣きながら食べてくれる、いい話でした。私はまだ作ったことはないけど、食堂や店で昼ご飯を食べているお父さん、お母さん、お兄さんに弁当を作ってあげたいです。（略）

「学校でほめられたの、はじめてや」…こころ開いた〝ワル〟に教師も涙

〝弁当の日〟の休み時間は、職員室で〝弁当の日〟の話題に花が咲きます。

「○○さんが5時半に起きて作ったって！」

「えー、あの子がー！」

「しかも、ハンバーグに挑戦している！」

「すごーい。信じられない！」

そんな話題に他の先生も乗ってきます。そして自分のクラスの情報も話し始めます。授業中には見られない生徒の「意外な一面」が〝弁当の日〟で教師間の新しい共有情報となるのです。

その「意外な一面」は〝弁当の日〟で生まれたのではなく、その生徒がずっと持っていた一面なのです。これらは、人格形成期にある生徒たちと向き合う教師にはとても重要な大切な情報です。

〝弁当の日〟を初めて実施した、某県の某中学校で、こんなことがありました。

この学校も、〝弁当の日〟の朝は自然に弁当の見せっこになっていました。熱心に取り組んだ先生はうれしくてカメラを持って教室を回り、生徒の輪の中に入りました。

弁当の写真を撮っている時、ポンポンと背中を叩かれて振り返ったら、「ワル」の男子生徒が照れくさそうに弁当を持って立っていました。先生が写真を撮りながら、

「うわー、上手に卵焼きを焼いているねー」と感想を言うと、その生徒はこんなことを言いました。

「先生、うちは父子家庭や。毎日、俺が夕食を作っているんやで」

一瞬、返す言葉が出なかった間に彼は、こうつけ足したのです。

「俺…、学校でほめられたの、はじめてや」

この言葉に、周囲にいた先生も涙ぐみました。

弁当を食べている様子を撮影するために教室を回ってい

ると、「校長先生、この子の写真、撮ってください」と言った担任がいました。「彼は、今日はじめて、一人で作ってきたんです。今まで親に作ってもらっていました」

その生徒は2年生の2学期まで自分で作っていなかったのです。〝弁当の日〟が始まって1年半も経っています。担任は、弁当を作らない生徒を責めたり追い込んだりするのでなく、〝弁当の日〟の楽しさで、包みこんできたのです。

もしかすると、その子は弁当作りで自立していく友だちに刺激されたのかもしれません。

彼は2年生が終わるころには、高校生の兄が喜んでくれるからと、家族の弁当まで作るようになりました。「〝弁当の日〟で人生が変わりました」と、本人も家族も、私に言ってくれました。

以下に4人の生徒の作文を紹介します。改めて読み返して綾上中学校区の温厚な土地柄を感じました。（表記の学年は、作文を書いたときのもの）

生徒たちは穏やかに成長しています。素直な心が、飾らない表現からにじみ出ています。

「いただきます」「ごちそうさま」のすごい力

1年　榊原　加奈

私は〝弁当の日〟でたくさんのことを学びました。（略）

二つ目は弁当の材料への感謝の気持ちです。今まではそんなこと、気にもかけていなかったけど、弁当作りをしていくうちにそんな気持ちを持つようになりました。

自分が弁当を食べられるのは、その材料のおかげです。例えば牛肉だったら、その牛は親が産んでくれて、大きくなって、そこから肉になります。何年もかけて大きくして、牛肉にします。それを私たち人間が食べます。口で言うと簡単なように聞こえるけど、とても大変なことなんだと思います。「いただきます」や「ごちそうさま」という言葉にはすごい力があると思うし、大切なことだと思いました。（略）

二年生になって〝弁当の日〟のテーマが少し難しくなりました。でも、もう自分の力で弁当を作れるようになったし、献立も速く決まるようになったので弁当が速くできるようになりました。弁当を作るのがとても楽しくなりました。楽しくなると、早起きが苦手だったけど、早起きしてもすっきり起きられるようになりました。しかも学校に行ってはやく食べたくなるし、得意料理も友だちに食べてもらいたくなります。（略）

子どもができても、子どもに栄養満点で元気になるような弁当が作れるようになりたいです。

〃失敗作〃でも、見せっこは楽しい

2年　水原菜々美

（略）私は2年生なので、もう何回も〃弁当の日〃を体験しましたが、買い物にスーパーに行っても種類がたくさんあって探すのに一苦労です。お肉だけでも牛、豚、鶏とあり、さらに、もも肉、バラ肉、胸肉、内臓などがあり、使い方が分からなく、みんなはよく、すばやく選ぶことができているんだなあと感心しています。

弁当の材料を前日に用意したら、当日はいつもより一時間早く起きて、料理開始です。朝起きるのが苦手な私にとって、早起きすることはとても苦痛です。正直なところ、初めはめんどうでした。でも、料理を作るのは楽しく、だんだんと目が覚めてきます。さらに、うまく出来るととてもうれしくなります。

少し難しいのが、詰め方です。作ったおかずやごはんを見栄え良くバランスを考えながらお弁当箱に詰めていくのが意外に難しいのです。が、おもしろくもあります。お弁当作りの中で一番好きな作業かも知れません。それに対して、あと片付けはできればあまりやりたくありません。フライパンやなべなど大きいものを洗うのは、手間がかかるからです。

こうして格闘しながらなんとかできあがったお弁当を学校に持って行きます。友だちや先輩・後輩も同じようにがんばったのかと思うと、みんなのお弁当を見るのが楽しくなります。

〝弁当の日〟には、毎回違ったテーマがあり、今までに一番難しかったテーマが「国産のものを使って」というものです。このとき私は材料を探すのに大変こまりました。スーパーには、オーストラリア産やアメリカ産の肉が多く、また、野菜も中国産やカナダ産・フィリピン産など外国産のものがたくさん売られていて、国産のものは値段が高く、選ぶのが大変でした。

〝弁当の日〟で、私が作って成功した料理は、たまご焼き、ハンバーグ、エノキとコーンのいため物、ベーコンのアスパラ巻きなどです。特にエノキとコーンのいため物はとても簡単に作れて味もすごくおいしく、手間もあまりかからないので、短い時間でおかずを作ることができます。

（中略）たくさんの失敗をしてしまいました。例えば、ブロッコリーをゆでる作業をするとき、ゆですぎてしまい、ブロッコリーがやわらかくなりすぎてしまったことや、おにぎりを三角にするとき、手に水をあまりつけていなかったので、ご飯が手にくっついてうまくにぎれず、三角にならなかったことなどがあります。簡単にできると思っていたことがうまくできなくて、とてもショックでした。

友だちが初めて作ってきたお弁当は、キャラクター弁当でした。オムライスでアンパンマンの顔を作り、目や口などの小さいパーツの所もうまく出来ていて、すごいなあと思いました。他の友だちも、色が鮮やかなお弁当やご飯の上にノリで文字を書いていたお弁当などがありました。

お弁当作りに失敗していた友だちは、カレー味のギョーザを作ってきていて、カレーの粉を入れすぎて味が濃すぎでした。あまり食べない子なのに量をたくさん作っていた子や、見た目はすごくおいしそうなのに、食べてみるとすごい味がうすい子など、たくさんいました。

でも、弁当作りに失敗した子も、みんなで食べるときになると笑顔で「このおかず、味がうすいね」「おにぎり、三角にできんかったぁ」などと言って、見せ合ったり、交換したりします。〝弁当の日〟で一番いいところはこの時です。（略）

輝ける〝失敗〟と〝学び〟の1年

2年2組　富士野　佑紀

去年、入学してから〝弁当の日〟があることを知りました。料理はするけど、弁当なんて作ったことないからちょっと不安でした。献立を自分で考えて買い出しは親にやってもらいました。そして材料の下ごしらえも少し手伝ってもらいました。

ハムカツを作る時に油が飛んで大変でした。ヒジキを作るときに火の調節が分からず、鍋をこがしてしまいました。そして、できた弁当はすきまだらけでした。学校で食べたらヒジキやほうれんそうはまあまあでした。そしてメインのハムカツはマズかったです。味が全然、ありませんでした。

二回目の〝弁当の日〟が来ました。テーマは「色どりどり」です。一回目は自由に作れたから楽だったけれど、今回はテーマがあるので色どりを考えながら献立を考えるのがちょっと難しかったです。献立はニンジンの明太子炒め、キャベツ、たくあん、カラアゲ、ごはんにしました。カラアゲは一人で作るのは初めてなのでうまく作れるか心配でした。そして当日、順序良くできました。カラアゲもうまくできていて、おいしかったです。ニンジンの明太子炒めはちょっと味がうすかったです。でも、前回よりはうまくできました。

三回目の〝弁当の日〟は「焼く、煮る、炒める、揚げる、和えるの五つの調理法を使って弁当を作る」というテーマでした。献立は次のようにしました。

焼く・たまご焼き

揚げる・ギョーザのカレー包み揚げ

和える・小松菜のおひたし

炒める・しょうが焼き

煮る・かぼちゃのレンジ煮

たまご焼き、小松菜のおひたし、かぼちゃのレンジ煮はちゃんとできました。ギョーザのカレー包み揚げはポテトとカレーをギョーザに包んで揚げるというものです。実際揚げてみると皮からカレーがもれて油が飛んだりして大変でした。味はだいぶよくなりました。初めてのしょうが焼きもおいしかったです。

四回目は「健康弁当」がテーマでした。食物繊維を含むものを一つ選ぶというものでした。それはワカメにしました。あとは焼肉とシャケのタルタルソース焼きを作りました。タルタルソースは初めてでしたが簡単に作れました。ワカメの当座煮もちゃんとできました。そして昼に食べてみるとシャケが生焼けでした。

五回目は「地産地消」です。献立は豚肉の天ぷらと、大根を柚子の絞り汁であえた物です。買い出しに行って、香川県産の食材を探しました。残念ながら香川県産の豚肉は見つかりませんでした。

〝弁当の日〟当日、順序良く天ぷらとあえ物ができました。昼に食べるために弁当箱を開けて失敗に気がつきました。豚肉の天ぷらの量が少なすぎました。盛りつけの時に色どりや配置に気を取られて、量のことを忘れていたのです。気づいとくべきだったと後悔しました。

六回目は「郷土料理」を取り入れて弁当を作るというのでした。ナスソーメンなどいろいろ考えて、いりこ飯にしました。おかずはカラアゲ、ウィンナー、たまご焼き、たくあんです。これで一年は終わりました。（略）

味がなかったり、量が足りなかったりしてたくさん失敗もしたけど、やっていくうちに失敗は減っていきました。でもまだまだです。これからは失敗を減らしてもっとうまくなりたいと思います。

お米3合の〝ビックリサイズ〟おにぎりは担任の先生！

2年　苧阪　悠希

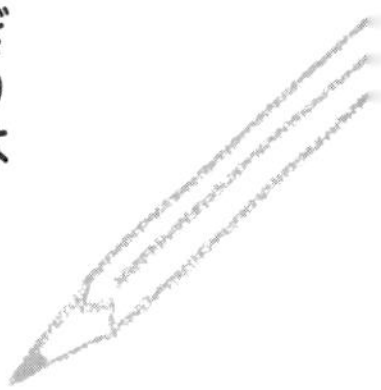

（略）昨年、一回目の〝弁当の日〟が行われました。そこで私はルールを破ってしまいました。生徒が自分で作らなければいけないのに、私は母に手伝ってもらいました。その時、どうして手伝ってもらったのか、覚えていません。でも、このことは友だちにも話したことはありません。（略）

学校に行って、とてもおどろきました。友だちの弁当のレベルがとても高かったからです。白いご飯にノリで字を書いたり、絵を描いたり、キャラクター弁当を作ったり…。みんなそれらを一人で作っていたので、母に手伝ってもらった私はとてもはずかしかったです。それから私は「これからは自分で弁当を作ろう！」と思いました。（略）

「郷土料理」のテーマで、わたしはいりこ飯を作りましたが、同じクラスの男子は「うどん」や「みそ汁」などの汁ものを持ってきた人もいて、「すごい！」と思う半分、「そこまでしなくても…」と思いました。

このように友だちの弁当を見るのも〝弁当の日〟の楽しみの一つだと思います。もう一つ、楽しみにしていることがあります。それはおかずを交換することです。友だちのおかずの味付けなどを次の〝弁当の日〟の参考にして役立てています。でも、本当は、他の料理も食べたくて交換しています。

二年生になって、第一回はおにぎり弁当でした。おかずもあまり作らなくてよく包丁も使わず作れて、一回目ということからはとてもピッタリのテーマだと思いました。学校でおにぎりの作り方の授業も行われ、いろいろな工夫でバリエーションがふえました。（略）

私は混ぜご飯の三角おにぎりにしました。友だちのはご飯にノリをまいて真っ黒にしたものや、俵の形もありました。具にはシーチキンやうめ、昆布などがありました。一番おどろいたのは、担任の先生の、お米三合のビックリサイズのおにぎりでした。具はたまご焼きとウィンナーと梅で、のりをまいて真っ黒になっていました。それ一個だけの弁当というのは、一種のビックリ箱だったと思います。（略）

二年目の〝弁当の日〟はこれからもあるので、家事を手伝いながら練習したいと思います。それと共に、私の料理を食べてくれる家族の笑顔をたくさん見たいと思います。

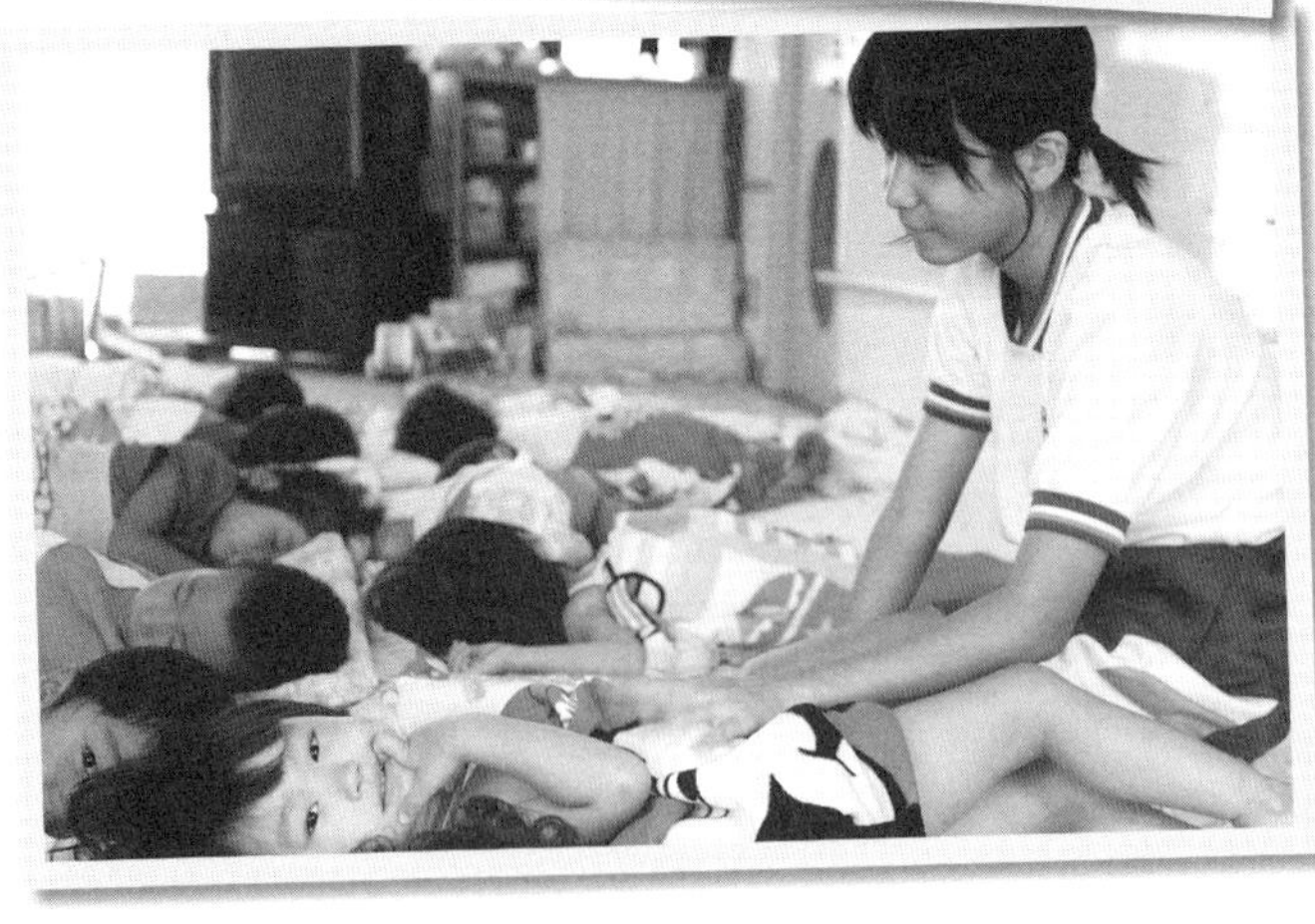

第3章

ひろがる〝弁当の日〟

講演を聞いて〝弁当の日〟を始めたくなった子ども、親、教員、地域の人たち、教育委員会などが全国で活動を始めた。

でも、〝弁当の日〟をスタートした11年前と同じハードルが、まだ全国の学校で立ちはだかっている。ただ、47都道府県で１０００校もの実践校があるということは、すでに跳び越えられたハードルと言える。

しかし私は、ハードルそのものを無くそうとしている。〝弁当の日〟のハードルを作らない大人社会にしたいと考えている。

Q.1 わが子が通う学校で〝弁当の日〟を実施してほしいのですが、どうすればいいですか。

A

講演先で一番多く質問されます。

答えは、「自分で考えてください」。

というのは、その学校の実態が分からないから答えられない、ということです。

校長が「〝弁当の日〟をやりたい！」と強く望めば、可能性は高くなります。ＰＴＡが「実施してほしい！」と学校に訴えれば、もっとスタートしやすくなります。

Q.2 親が「実施してほしい」と訴えても、学校が〝弁当の日〟をしてくれません。

A

校長は、学校で実施する行事などについて最終責任を負っています。

ＰＴＡが「〝弁当の日〟を実施してほしい」と訴えるにしても、会員全員の意見ではないでしょう。たぶん会員の中には反対者もいるはずです。

ＰＴＡが主導で実施すると、実施後に反対者からの苦情にＰＴＡ（役員）が対応しなくてはならなくなります。もしそのような状況になっても、校長は「ＰＴＡ役員が強く要求してきたから、不本意ながら実施をした」と、ＰＴＡに責任転嫁をすることはできません。不本意なら、最終決定をする自分の権限で実施をしなければいいのです。

校長が最終責任を負うということは、そういう覚悟を持つということです。だから、校長が「できない」と言ったら、あきらめてください。

ただし、こんな実例があります。

「〝弁当の日〟は、本来は家庭教育の責任でなされるべきことだ。学校に依存するのではなく、親の責任においてやろう。秋の遠足の弁当を子どもたちだけに作らせよう。指導は、各家庭で責任をもってやろう」

小学校高学年の保護者が親向けの文書を作成し、配布し、実施しました。子どもたちは大喜びで弁当作りをしたそうで、遠足は大変盛り上がったそうです。

保護者のこんな動きに、「それなら先生も弁当を自分で作ろう！」と言って、生まれて初めて自分で作った弁当を子どもたちに披露した校長がいます。

いっぽう別の学校では、校長判断で「教員に弁当作りをお願いできない」として、保護者主導の〝弁当の日〟に先生たちが同調しませんでした。

それぞれの事情があります。が、大切なことは、親と学校が対立しているという印象を子どもたちに与えないことです。

Q.3 なぜ、〝弁当の日〟実施に校長が反対するのですか。

A

できない理由の主なものは次の6つです。

校長として答えるときや保護者の代弁として語ることがあります。

(1) 学校側は、〝弁当の日〟を実施するまでの責任ある指導を現実的にできない。学習指導要領に位置付けられていないから授業時間がない。マニュアルがない。指導スタッフもいない。

(2) 子どもに任せて、家庭で事故(指の切断や火災など)が起きても、学校側は責任がとれない。

(3) 諸事情から、自分で弁当を作って持ってこられない〝かわいそうな子〟がいる。実施しないのが、そういう弱者への〝教育的配慮〟だ。

(4) 調理技術を持たない子どもに任せられないから、実際は親があれこれ関わること

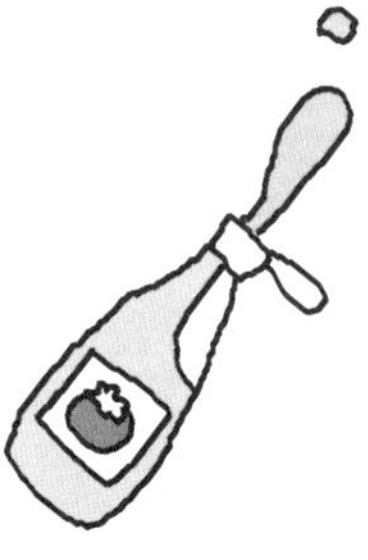

になる。結局は忙しい親の負担・不満が大きくなる。

(5) 弁当だと、豪華な弁当と、ただの海苔弁当や日ノ丸弁当のようにさびしい弁当と内容に格差がつく。しかし、学校給食はまったく平等だ。義務教育の期間中は平等な環境の中で育てるべきだ。

(6) 子どもも親も、放課後は部活動、勉強、塾通い、習い事などのほうが優先順位が高く、実際は忙しすぎて、時間のかかる弁当作りは無理だ。

これらはどれも、全く正しい指摘です。

Q.4 それほど難しいのなら、なぜ〝弁当の日〟は広がっているのですか。

A

平成23年度末までで、全国47都道府県の約1000校（幼稚園、小・中学校、高校、大学）で〝弁当の日〟が実施されました。文部科学省が推奨しているわけでもないのに学校現場でここまで広がったのです。

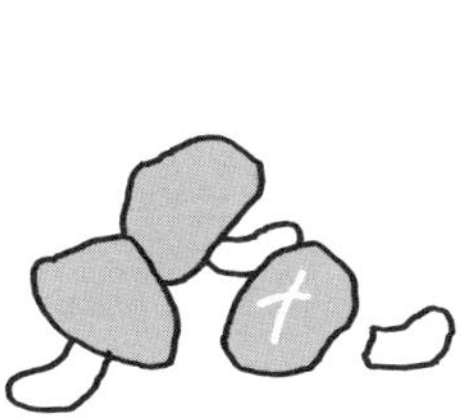

最近の「朝の読書運動」や「百マス計算」の展開とよく似ています。「朝の読書運動」が広がった背景には、子どもたちの読書ばなれが深刻で、そしてそれが心の成長に支障をきたしているらしいという危惧がありました。

全校で一斉に、毎朝10分間、自分の好きな本を読んで、感想文は書かせないという決まりが功を奏しました。読書とは縁遠いと思われていた生徒まで、自分でビックリするほど読書の世界に入ったのです。生徒は思慮深くなり、学校は落着き、学力向上にも役立ったようです。全国で約2万校以上が実施しているとも言われています。

全国調査で、子どもたちの「読書時間が長くなった」という結果をだしました。決められた時刻、みんなと一緒に、毎朝繰り返すという方法が、「形から入って、形から出る」といえるような、心の成長までを生んだのです。

「百マス計算」が広がった背景には、基礎学力の低下問題がありました。

実用性のない知識の量を競うような詰め込み教育より、価値のある学習課題をじっくり思考させ、多様な道筋で解決を導く関心・意欲・態度を育成するために提案された「ゆとり教育」が引き起こしたとされる「基礎学力低下」状況に対抗するように、この方法はあっという間に全国に広がりました。

これも、あれこれ思考するより、強制的に詰め込むような計算方法のほうが効果をあげるという点で「形から入って、形から出る」と共通します。

〝弁当の日〟も同じ方法論です。「朝の読書運動」「百マス計算」の広がりと比べると、まだまだ全国的に実施校も少ないですが、ちょっと強制力をもって「体験させる」ことを優先したわけです。

そして背景は、「食」の乱れが原因の一つではないかと思える悲しい事件が少年の周辺で増え始めていることです。犯罪者となった少年たちの部屋にはカップ麺、スナック菓子、ペットボトル、市販弁当などのごみが共通して散乱していると聞きました。

少年院で歯の診察をした歯科医によると、残根ばかりの永久歯の少年が多いそうです。幼児期の食事の悪さに起因しているようですが、彼らの親にその知識も食事を作る技術も、作りたいという気持ちも不足しているとしたら、「食」を改善する運動が必要です。

滝宮小学校の〝弁当の日〟は「なぜ、そうするのですか」の議論は棚に上げておいて、保護者の中に反対者がいると分かっていてもスタートさせ、まず体験を繰り返したのです。議論で納得させることより、体験から気づいてほしかったのです。そのためには「見切り発車」せざるをえなかったのです。

先日、某県で講演会のあとに懇親会があり、こんな会話がありました。

自分の子どもが通う小学校で〝弁当の日〟を実施してもらおうと、学校やＰＴＡに呼びかけている母親が、

「２年前から根回しもして、協議を重ね、指導の段階を踏んで進めているのに、まだスタートできない。なんとかわが子が卒業する前に〝弁当の日〟を始めたいのに」

と、ため息まじりに話しました。

　それを聞いていた別の学校のＰＴＡ会長がポツンと言いました。

「うちの学校は〝やるっ〟て言ってすぐに始めた。協議なんてほとんどしていない。子どもからも保護者からも評判がいい。うまくいっている」

　このとき私は「〝弁当の日〟は助走が長いほど跳べなくなる。立ち幅跳びのほうがいいんです」と言いました。

協議が何度も繰り返されて、実施に踏み切ることになったとき、熱心に反対してきた人にすれば自分の主張を無視されたうえに、したくもないことをしなくてはいけなくなるのです。

とても空しい気持ちになります。スタートして〝弁当の日〟が効果を上げ始めたとき、自分の間違いが明白にされたようで、さびしい気持ちになります。だから、議論は尽くさないほうがいい、という選択もあるのです。

幼い子どもが、大人になりたくて台所に立ち、徐々に調理を習得していく成長の過程は、私に言わせれば「本能」であり、「子どもの権利」なのです。すべての子どもに保障してあげたいのです。反対者が、大きな〝抵抗勢力〟にならないうちに実施することを「立ち幅跳び」と表現したのです。

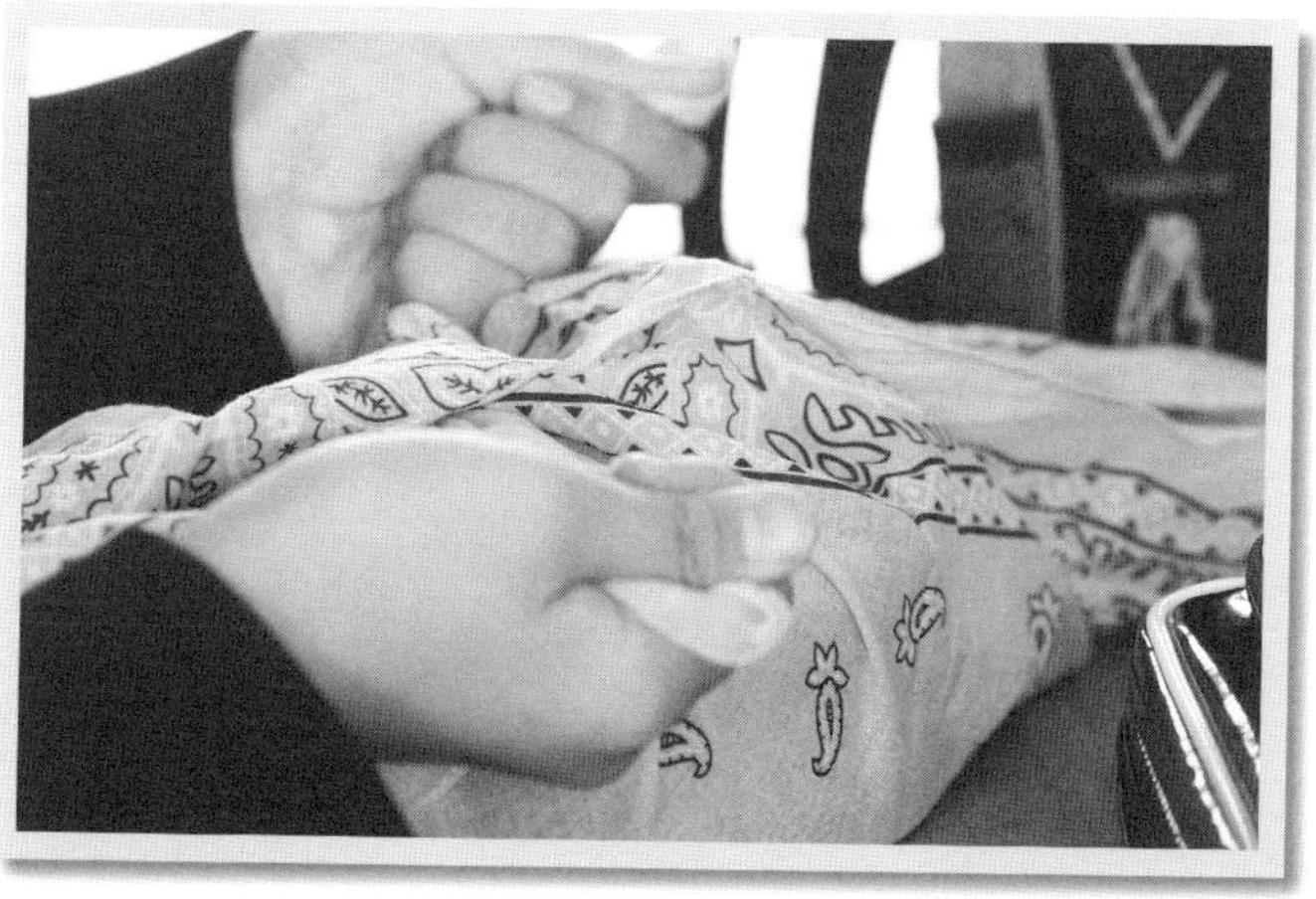

「スタートしても、〝弁当の日〟を継続できない状況（私には思い浮かびませんが）が生じたら、即、やめればいい」くらいの心構えを持っていればスタートは切れるものです。

滝宮小・国分寺中・綾上中のアンケートや作文を見る限り、〝弁当の日〟の支持率が90％～100％になるのに2～4年かかりました。それは学校全体の教育力向上にいい影響を与えてくれました。また、意欲的に〝弁当の日〟に取り組んだ子どもや家庭も、それぞれが個別に大切なものを得ていると思っています。一部の反対者や〝かわいそうな子〟を理由にスタートしないのは得策ではないのです。

〝弁当の日〟はスタートしたものの、一度も真剣に取り組むことなく卒業した子どもも、大人になり、親になってふり返った時に、〝弁当の日〟の意義に気づいてくれることがあると思っています。

〝弁当の日〟に取り組んだ価値は、将来の人生の中で生きてくるという見通しが、私の「見切り発車」を後押ししたのです。

さまざまな角度から、家族へのまなざしを深めた生徒の作文もあります。こんな気づきが〝弁当の日〟実施校に次々と出てくるから、実施校が増えているのだと思っています。

私と家族を
少し近づけてくれる〝弁当の日〟

3年　三野　彩夏（弁論大会から）

昨年の十月、助産師の内田美智子さんの講演を聞く機会がありました。その中にとても印象に残る話がありました。

それは、出産を間近に控えたお母さんの話です。赤ちゃんが生まれることを心待ちにしていたお母さんは、ある日、赤ちゃんの胎動がないことに気がつきます。胎児は母の胎内ですでに亡くなっていました。それでも母親は、その胎児を産まなければなりません。産声をあげない赤ちゃんを産むために、母親は陣痛に苦しみながら、出産します。静かな分娩室に、母親の泣き声だけがいつまでも響いていたそうです。その後、お母さんは亡くなったわが子と一晩一緒に過ごしたいと願いでて、ようやく二人きりの時間を過ごすことができたそうです。そしてその夜、母親は、もう呼吸することのないわが子に一滴、一滴とにじんでくる母乳を指にとり、わが子の口元に運んでいたそうです。泣かないわが子を腕に抱いて、母は母であり続けたのです。

この話を聞いて、私は母親の母性の深さに感動すると同時に、これが本当の母親の姿なんだなぁとも思いました。

でも、今の世の中を見てみると、そんな母親ばかりではないこともわかります。（略）こんなニュースを聞くたび、親と子の絆がだんだんと希薄になってきているような気がして、心配でなりません。という私も、親子の絆ということであればあまり自信はありません。反抗期といえばそれまでですが、家族と素直に向き合うことのできない自分がいることにも気づいています。家族と同じ空間にいること、親しく会話することが嫌になることもあります。（略）そんな私と家族を少し近づけてくれる日がありま す。

それが〝弁当の日〟です。（略）私もこれまで二年間取り組んできました。そして回を重ねるにつれて、調理する手際もよくなってきました。そうなると、自分の料理を味わってもらいたいという思いが強くなり、〝弁当の日〟の前日の夕飯は私が作るようになりました。翌日、それを弁当箱に詰めていく、というのが私のお決まりのパターンになっています。

自分で作ったおかずを大皿に盛って食卓に出すと、家族のみんなは「おいしいよ」と食べてくれます。ほめてもらえるというのはとてもうれしくて、作る喜びを味わうことができます。家族がニコニコしながら食べているのを見ていると、ふだんの家族への感情がどこかへ消えてしまいます。

翌日、教室で弁当を広げたときも、みんなが笑顔で弁当を囲み、自信のメニューを交換し合ったり、つつきあったりして、楽しい時間を過ごすことができます。〝弁当の日〟が終わって家に帰ると、また元の少し微妙な空気のときもありますが、弁当や料理の話題から始まって、今日、学校であったことをあれこれと話せるようになる時もあります。

こうしてみると、〝弁当の日〟というのは料理の腕を上げるというだけでなく、家族や友だちとのつながりを深めていくことにつながっていると思います。

そして、〝弁当の日〟で一番変わったこと。それは「感謝」の心です。今までは、してくれて当たり前。それが親の仕事、と考えていた私。でも、当たり前のことを当たり前のようにしてもらえる幸せを感じるとともに、してくれていたことへの「感謝」の気持ちも芽生えてきました。

私が中学校を卒業して、〝弁当の日〟がなくなっても、母と肩を並べて料理をしたり、楽しい食事がいつもできるようになったら、どんなに素敵だろうなと思います。

（略）

もっと料理を覚えて
お母さんたちを助けたい

1年　馬場　美咲（感想文）

〝弁当の日〟を通して一番に思ったことは料理の大変さです。

私は幼い時から、朝、早起きをするのが苦手です。だから〝弁当の日〟に早起きをするのもなかなかうまくいきませんでした。今では六時くらいに起きても弁当作りが間に合うようになったけれど、初めての頃は五時に起きてもギリギリだったので大変でした。

私はそのとき、お母さんが私や家族のために弁当を作っている姿を思い出しました。私は早起きするとほとんどの日は機嫌が悪くて八つ当たりをしたり、体にエンジンがかからなくて、もう一度寝たりしてしまいます。でもお母さんは寝不足でも、寝ている誰にも八つ当たりをしませんでした。当たり前のことかもしれないけれど、私もお母さんみたいになりたいと思いました。（略）

三つ目は家族の大切さです。私が料理をすることは〝弁当の日〟以外はほとんどありません。〝弁当の日〟のたびに、感想文を書くときに、いつも、必ず「大切さが分かった」とか「もう少し家でのお手伝いを増やそう」などと、よく似たことを書いていました。でも一週間もたってしまえば、ほとんど忘れてしまって、また次の〝弁当の日〟になって思い出したように同じような文章を書いていました。でも二年生になって、一年生の時よりいろいろと自分が忙しくなって初めて「お母さんやおばあちゃんは、いつも、こんな風に忙しい中で時間を見つけて料理をしているんだな」と思いました。

私の家ではお母さんが仕事に行っているので、一緒に住んでいるお祖母ちゃんが家事のほとんどを担当しています。お母さんは平日は、仕事と子育てで、休日は家事と子育てになるので、結局、本当にお母さんは休みをとる時間はほとんどないんじゃないか、と思いました。

お祖父ちゃんは夕方まで仕事で、その後は田んぼや畑の仕事をしているし、五つ下の妹はまだ包丁も使えないので、私か二つ下の妹が家事をしないかぎり、お母さんやおばあちゃんの本当の休みは、お正月ぐらいしかなくなってしまうと思いました。妹はまだ卵焼きなどの簡単な料理をメインとして作るので、私がお手伝いの回数を増やしたり、「この日の夕食は私が一人で作る」というような日を増やすだけでずいぶんと余裕ができると思いました。だから、私は夏休みに入ってから、せんたく物をたたんだり朝ごはんを一品だけ作ったりするようになりました。

私の妹は、来年から中学生になるので、早くいろんな料理を覚えて、少しでもたくさんの休みをお母さんたちに作ってあげたいです。（略）

〝プレゼント弁当〟はお勤めしている母のために

3年　大林　愛（22年度　卒業式・答辞の〝弁当の日〟部分から）

竹下校長先生の着任とともに始まった〝弁当の日〟。はじめは面倒だなぁ、料理苦手なのになぁと思っている人も多かったように思います。しかし、回数を重ねるにつれて、友だちの弁当に負けないように工夫に工夫を重ね、満足のいく弁当を作ることができるようになりました。

「プレゼント弁当」のテーマのもと、家族やお世話になった方へ感謝の気持ちをこめて作った弁当。私も普段お勤めしている母のために感謝の気持ちを込めて作りました。この日ばかりは学校の弁当の時間より、家に帰って母の反応を確かめることの方が待ち遠しくてなりませんでした。家に帰って、お母さんから「ありがとう。おいしかったよ」と言われた時、「やった」と思わずガッツポーズをとっていました。

これまで、行事のたびに弁当を作ってくれた母の愛情を、改めて実感できた瞬間でもありました。朝早くから起きて、私たちのために一生懸命愛情をこめた弁当を作ってくれたお母さん。その愛情に甘え、あまり感謝の気持ちを持たなかったことに、今更ながら後悔する気持ちでいっぱいです。〝弁当の日〟では、今までの自分を振り返るとともに、誰かのために作る喜び、感謝されることの喜びも味わうことができ、家族とのつながりを深めるいい機会になりました。食べてくれる人の喜ぶ顔を思い浮かべながら作ると、作っている私たちも幸せな気分になりました。

みんなの笑顔に出会える時間。それが〝弁当の日〟でした。

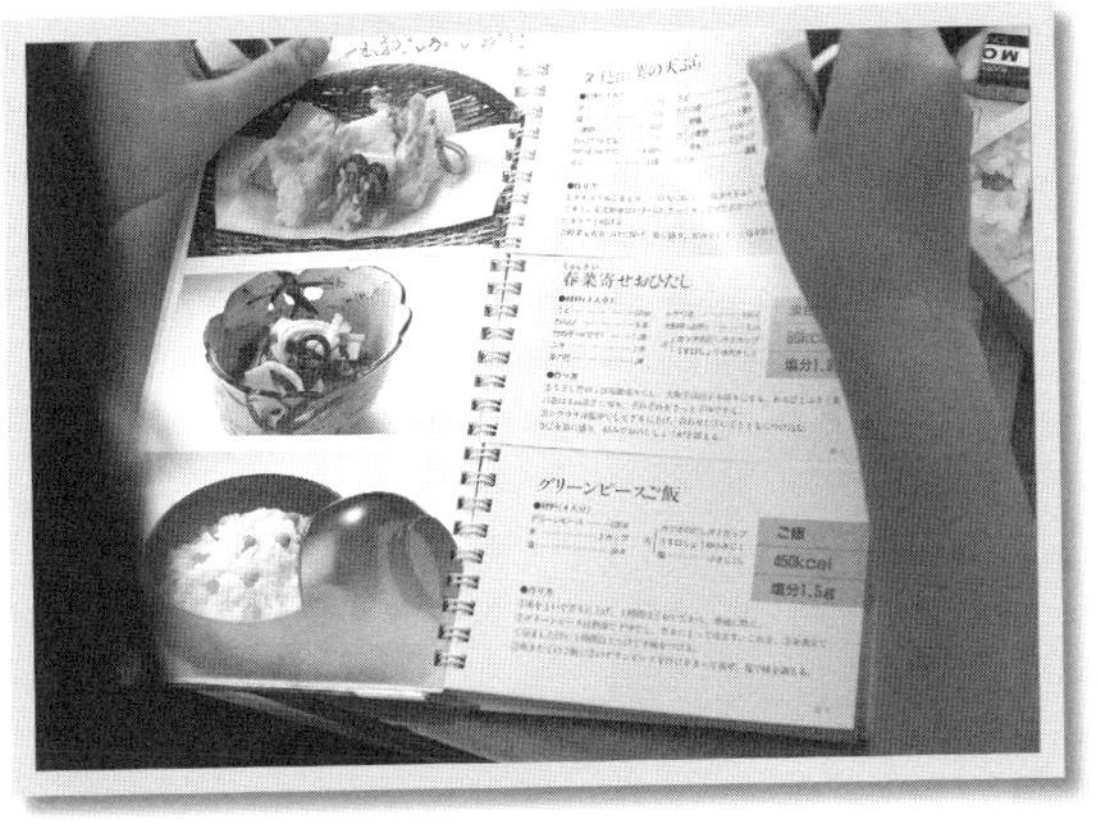

Q.5 多くの困難も予測されながら、〝弁当の日〟が実施できたのはなぜですか。

A

私は綾川町立滝宮小学校、高松市立国分寺中学校、綾川町立綾上中学校の３校で〝弁当の日〟を実施してきました。

Ｑ３の〝弁当の日〟をしない６つの理由に対する私の考えを書きます。

⑴ 〝弁当の日〟に向けての指導時間は確保しました。マニュアルは自分たちで作りました。家庭科教員のいない学校でも実施できました。その気になれば対応は、学校ごとに考えられます。

⑵ 事故が起きたときの責任はとれません。責任をとる方法はないのです。たとえば、子どもに指の切断があったとき、私は個人的に損害賠償をする覚悟でした。でも、それは責任をとったことにはなりません。指はもどってこないからです。だから責任をとる方法はないのです。

⑶ 「弁当作りを見守れる親がいない」「台所に包丁・まな板がない」「子どもに障害があって作れない」「水道・ガス・電気を止められている」「食材を買いにいける

経済力がない」…そんな〝かわいそうな子〟は、学校給食以外の食事をどうしているると思いますか。私は満足な食生活が送れていないと思っています。それをそのままにしておくのが教育的配慮とは思いません。そして、いずれ親になるのだから、今のうちに生き続ける基本となる「調理技術」を身につける機会を持たせたいのです。

(4) 子離れできない親、親離れできない子どもの将来のためにも、子どもの自立の機会を与えるのは親の役目です。

わが子を「信じて、任せて、待つ」ことが子どもの自立には大切です。それには辛抱が要ります。でも、自力でできたときの子どもの表情を見ることができた親も成長できるでしょう。

(5) 世の中に完全な平等などないのです。そのことに気づく機会も必要です。それに、「そろえることが平等」と思いこんではいけません。「みんなちがって、みんないい」（詩人・金子みすず）といった心の持ち方をしたいものです。

一つの弁当の食材費に差がつくといっても、1000円にもならないでしょう。子どもは材料の値段のことより、自分で作ったかどうか、工夫はできたか、おいしかったかで比較しています。将来、どの高校に進学するか、どの会社に就職するか、給料はいくらもらえるのか、よりもはるかに小さな格差です。

私が担任なら、おかずがない子には、あらかじめ余分を作っておいてこっそり渡します。あるいは、自分のおかずをいくつか試食してもらって、かわりにご飯をもらいます。「あげる」のではなく、「交換」をするのです。

こんな方法は、子どもに考えさせたら、いろいろアイディアを出します。人に優しくするということを考えさせ実践させるいい機会と思えばいいのです。

(6)
〝弁当の日〟は1年間で数回のことです。この数回だけ、「〝弁当の日〟は勉強よりも特別に弁当作りを優先」という姿勢を親や教師が見せるだけで、学力偏重とか勉強・部活動優先とか言われている子どもたちの環境を大きく変えることができます。食べているから、生き続けて、勉強もスポーツもできるのです。

「食べることは人生の基礎となる、とっても大切なこと」という大人からのメッセージを伝えるために、〝弁当の日〟をスタートさせませんか。

Q.6 文部科学省や行政が、一斉に〝弁当の日〟を導入してくれたらいいのですが。

A

そんな他力本願で〝弁当の日〟をスタートさせても、子どもたちに思うような成長は期待できません。

子どもたちには、積極的に取り組んでいる親や先生の明るく楽しそうな姿にあるオーラを感じて、「かっこいい」「ステキ」といったあこがれの感情が育ちます。たとえば「うちの学校では〝弁当の日〟はしたくないが、文部科学省（教育委員会）からの指示で不本意ながらスタートした」という校長や教師や親が多ければ、子どもがあこがれるオーラが学校に生まれにくいからです。

とにかく親や教師の中に〝弁当の日〟の意義を理解し、活動を楽しみながら広げ、リードしていける存在が必要です。〝弁当の日〟の回数を重ねるごとに子どもを成長させていくことができる見通しや方法、アイディアを持った核となる人が不可欠です。そうでないと〝弁当の日〟は楽しくない面倒な行事になってしまいます。

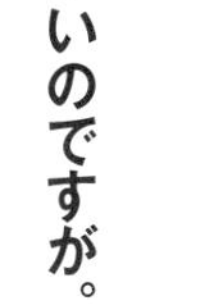

全国の実践校から私のところに、学校だよりや、ＰＴＡ新聞や、感想文集などが届きますが、子どもの成長を心の底から喜んでいる先生や親の顔が浮かんでくるような内容

が多いです。それは、「子育ては楽しい」「あなたの成長がうれしい」という、子どもにとってはとてもうれしい大人からのメッセージなのです。

でも行政のトップが〝弁当の日〟に感動して、管内の学校すべてが実施校になった市町村が全国で10近くあります。トップダウンであっても、スタートができたときはチャンスです。いい場面を広げていけばいいのです。

そもそも滝宮小の〝弁当の日〟が「見切り発車」でスタートしているのです。スタートの状況の善し悪しより、いい結果につなげることが大切です。

それと〝弁当の日〟の実践を、文部科学省（初等中等教育局）は学校に導入するよう指示することはできません。〝弁当の日〟のために食材を買い出しに行っている時間も、台所で弁当を作っている時間も「学校の管理下」ではないからです。個々の家庭の時間帯の在り方に介入できないのです。

平成23年度から使用されている東京書籍の教科書、小学校5・6年生用の『たのしい家庭』に滝宮小学校の〝弁当の日〟が紹介されています。「献立をたてる」という単元ですが、弁当作りが行われている学校があるという内容です。私は、これだけでもとても大きい追い風と感じています。

平成22年4月、宮崎県内すべての市町村の教育長、教育委員長が集まった研修会で、渡邉義人宮崎県教育長が「〝弁当の日〟を県下すべての学校に普及したい」と話されました。その場で私は講演をしました。

4月下旬からの口蹄疫騒動、そして新燃岳噴火、鶏インフルエンザと、全国から注目を浴びる混乱が県内に続きました。それでも延岡市、串間市、宮崎市で参加者1000人を越える講演会が開催され、実践校は平成22年度中に153校に膨れ上がりました。たった1年で、その数の多さにおいて全国一になったのです。

平成23年4月、1500人を集めた「ひろがれ〝弁当の日〟イン宮崎」のイベント会場で、その渡邉教育長が「トップが言うからしかたなく実施、という学校は〝弁当の日〟に取り組んではいけない。子どもを育てるためには感動が大切だからだ」と言明されました。すばらしいことです。平成23年度末には実施校が300校を越え、県下の75％以上の学校が実施しているのです。

そもそも「食べる」ことは、「自分の生命を維持する」という極めて個人的な営みです。それをなぜ、学校側が給食を提供しているのか。

提供しているのではないのです。学校給食は学校給食法にもとづいて実施されています。学校給食を導入するかどうかは地方公共団体（市町村）に任されています。市町村は、特に住民である就学児童・生徒の保護者の要望や教育委員会からの報告も受けて、財政も考慮して給食提供を具体化していきます。受益者から給食費を徴収していますが、それは食材購入費にあてられ、ほとんどの市町村は施設・設備費、水光熱費、人件費などを負担する合意ができているのです。

文部科学省も、食事が子どもの「食」に関する正しい理解と適切な判断力を養ううえで重要な役割を果たすので、子どもの心身の健全な発達のために教育課程に取り入れています。保育所・幼稚園から小・中学校まで、全国でみると給食が提供されていないところもあるのは、何かの条件が整っていないのです。

日本国憲法の中で、国民はわが子を就学させる義務を負うことを謳っています。その期間は小学校入学から、中学校卒業までです。ですから、義務教育の期間ではない保育所・幼稚園・高校・大学は、基本的に学校給食がありません。

私は、「自分で食べるものは自分で作ることができる」という能力は、「自分の生命を維持する」ということはもちろんですが、子どもの人格形成にとても重要な役割を果たしていることを、教師生活38年間で痛感してきました。

端的に言うと「食の乱れは、心と体を崩す」ということです。「食べ物は体を作る、食べ方は心を作る」という言葉もあります。栄養バランスの崩れた食生活、会話のない孤食などが健やかな心身を作れなくしているのです。

戦後教育の学校現場で、人生の基礎作り、国民育成の主要教科であるはずの家庭科は衰退しています。「家庭科の衰退は、家庭の崩壊をまねく」といわれる状況になってきました。

この状況を改善する策を講じる時期にきていると私は考えています。

そこで、やっぱり気になるこの質問をあえて、私自身から出します。

Q.7 もし事故が不幸にして発生した時、責任はだれが、どのようにとるのですか。

A

まず結論から言います。責任は誰もとれません。

〝弁当の日〟をスタートさせて11年たちました。全国で実践校は1000校(2012年度末現在)を越えました。今のところ、弁当作りの最中の「指の切断」や「火災」という「事故」の事例を1件も耳にしていません。でも切り傷や、飛び散った油で軽いやけどをしたとか、鍋を焦がしたという「失敗」はあったはずです。まったく

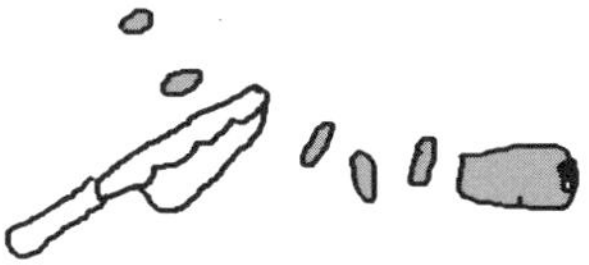

油断は禁物の場面です。

そんな危険性のある〝弁当の日〟をなぜスタートさせるのかというと、小さなケガの経験は大きな事故を防ぐ力になると考えているからです。小さな「痛い経験」から「もっと痛い経験」をイメージする力が育ち、あらかじめそれを避ける行動がとれるようになるからです。だから「失敗」が「事故」を減らすことになるのです。

これは経験則であって、実証は難しいです。その後の子どもたちの人生で〝弁当の日〟の失敗体験によって「未然に防げた事故の数」は、起きていないから調べられないし、因果関係を証明できないからです。

学校の廊下や運動場で転んだ子どもが顔面をケガすることが多くなったと、20年以上も前から言われています。球技の部活動中の生徒が顔面にボールを受けて目を痛める事故も増えていると実感しています。学校や公園のブランコなどの遊具とぶつかる事故が増え、使用禁止や柵を設ける対応が出てきました。失敗体験が少ないまま成長したことが起因とされています。

小さい頃に何度も転んでいれば、顔を守るために反射的に手をついて転ぶことを身につけます。顔に向かって飛んでくる何かを感じたときも反射的に目をつむります。ブランコに乗っている友だちを見たら、揺れている範囲はぶつかってしまうことを学びます。

事故が起きたら責任を問われるのなら、事故が起きない対策を講じるのは当たり前のことです。法律によっていろいろな基準が設定されました。建築物の耐震基準、乗り物の安全基準、食べ物の衛生基準…。

大人は「事故」に対して「責任」をとらなければいけません。ところが大人になる以前、つまり乳幼児期、学童期、思春期は「事故」を減らす力をつける「失敗」の体験をするべき時期です。だから、この時期の「失敗」体験は、「責任」を後ろ盾に子どもたちから奪うべきではないのです。

「失敗」体験を、「事故」を減らす力につなげるような指導に活用すればいいのです。それを親、教師、地域民の連携でするべきです。

特別な障害がある場合をのぞいて、二足歩行はすべての子どもたちが獲得していいます。「私の息子が二足歩行できないのは保育所の責任だ」と所長が保護者から訴えられたという話を聞いたことがありません。家庭や保育所で歩く機会を与えていれば、子どもは日常生活の中で何度も転びながら、二足歩行の能力を獲得できるのです。そしてやがて走ることもできるようになります。

生きていく能力の重要性において、二足歩行と調理技術を同等に見ることはできません。それでも、人格形成上、極めて重要な役割を担っている家庭で「食」が崩壊している原因に、家族が調理できない（していない）ことがあり、それで子どもに関わる悲しい事件や事象が生じているのならば、二足歩行と同レベルの重要性が調理技術にもあると私は思っています。

だから、子どもを台所に立たせる〝弁当の日〟における「事故」は、関係した大人たち全員で「責任を感じる」までに留めて、「誰がどう責任をとるのか」までの議論にするべきではないと思うのです。

Q.8

学校が「事故」の責任をとれないのなら、わが子を小さいうちから台所に立たせるかどうかは、各家庭に任せればいいのではないですか？

A

学校が〝弁当の日〟を実施することには、大きなメリットが3つあります。

まず、〝弁当の日〟を導入しなければ、中学校を卒業するまでに調理技術を身につける機会がないまま大人になってしまう若者が圧倒的に多いのが現実です。

某大学の先生から、今どきの女子大生の食生活の実態のデータをいただきました。食べた物をすべて写真にとってデータを提出させたそうです。サンプルは約220。その中で圧倒的多数の実態を示しているのが次の女子大生のものです。

10月14日（木）

7時　スニッカーズ（チョコレート）2個
7時30分　食パン1枚、バナナ1本、ヨーグルト少々
15時30分　菓子パン1個、饅頭1個、グレープフルーツジュース1個
23時　ご飯一膳、マグロの刺身5切れ
1時　アイスクリーム1個
終日　ペットボトルのお茶1本

10月16日（土）

6時　小さいパン2個、キウイ1個、豆乳1個
7時　大学芋（黒ゴマかけ）
12時30分　菓子パン2個、アロエジュース
22時30分　トマト1個、きゅうり1本

24時　わかめ1皿
1時　くらげ1皿
1時30分　パイナップル（カット）1皿
10月17日（日）
6時　小さいパン2個、キウイ1個、豆乳1個、饅頭1個
6時30分　パイナップル（カット）1皿
7時　クッキー1個
23時　ご飯1膳、納豆1パック
24時　アイスクリーム
1時30分　豆乳（カップ）1杯
2時　梨1個

この内容は2011年1月29日に東京で開催された「日本栄養食糧学会関東支部」のシンポジウムで報告させてもらいました。某大学の先生が「わが校では栄養士を育てていますが、わが校の学生もその状況です」と感想を述べてくれました。

さらに2月3日の農水省委託の会合でも紹介しました。同席の某大学の先生が「わが校の栄養士を目指している学生も同じ状況です」と発言がありました。

この食生活の問題点を列記します。

3食とおやつ、といった食事のメリハリが全くありません。「少量」「単品」の「ダラダラ食べ」です。

主食、主菜、副菜の組み合わせは一度もありません。ほとんど、お菓子と果物が中心の食事です。

学生自身が煮る、焼く、炒める、炊くといった調理を全くしていません（ご飯は市販）。緑黄色野菜が圧倒的に不足しています。

台所に子どもを立たせるかどうかの判断は「各家庭に任すべき」といっても、すでにこれまでがそうだったのです。学校給食が急速に充実してきたこの50年も、給食以外の食事は家庭任せです。その結果、ここまでの「食」の乱れが生じているのです。

学校にしても、戦後教育で実施してきた家庭科の授業や学校給食では、「食」の乱れを改善できていないのです。いや、むしろ助長しているかもしれません。家庭科は高校・大学への進学において英語や数学ほどは重要視されていません。

学校給食の実施で、親がわが子に弁当を持たせなくてよくなりました。だから親の調理技術が磨かれる場面が少なくなりました。

また、親のいいつけを守って勉強を優先して進学し、安定した収入を得られるようになれば、今の日本社会は料理ができなくても、お金さえあれば一生食べていくのには困らないのです。

しかし〝弁当の日〟の実施は大きな効果をもたらしました。

ある料理専門学校では、入学してきた18～20歳代の生徒に一年間、調理技術を教えましたが、カップ麺、スナック菓子、ジュースの生活をやめて日常的に自分の食事を調理していたのは4％でした。

滝宮小の〝弁当の日〟一期生（小6時のみの1年間で5回、〝弁当の日〟を経験）が20歳になったとき、日常的に自分の食事を「とてもよく作る」（55％）、「まあまあ作る」（15％）で合計70％でした。

二期生（小5・6時の2年間で11回、〝弁当の日〟を経験）が20歳になったときは、「とてもよく作る」（45％）、「まあまあ作る」（36％）で合計81％でした。

このデータは厳正な比較のもとに行ったものではありませんが、日常生活への定着度の差は歴然としています。

次に、〝弁当の日〟の導入は子どもに家族に、そして教員や地域の人たちにも、台所に立つことの大切さを見直す機会を与えてくれます。生徒の作文にもそれが読み取れます。

苦手な野菜も〝おいしい！〟自分で料理して気づいたこと

2年　元住　研大

〝弁当の日〟があるたびに思うことがある。

一つ目は「時間」のことである。

僕は台所に立って料理をすることは好きな方だ。小学生のころから卵を焼いたり、野菜を炒めたり、自分でしょう油ダレを作ったりしていた。だから〝弁当の日〟と言われても、そんなに嫌ではなかった。でも、不安だったのは時間のことだった。

お母さんが「あしたは五時やね」とか「五時前には起きな、間に合わんな」とか言う。大体、メニューを見て予想がつくらしい。言われた時間に起きると、だいたい僕がいつも学校に行く時間には作業が終わり、登校できる。もちろん前の日の下ごしらえについても「ここまではしてないと」という。

長年の経験で調理の時間が分かり、間に合うように考えてくれるのだ。また料理をしている時も「次はこれ」とか「その間にこれをせんと」と言葉で手助けをしてくれる。

この助言は、のんびりしている僕は毎回うれしく思う。

同じように、おばあちゃんも時間のことをよく考えて料理を作っている。僕の家では土日以外はおばあちゃんが夕食を作る。お母さんはいつも仕事から帰るのが遅いからだ。おばあちゃんはお母さんから夕食のおかずを聞いて、ひ孫を迎えに行く時間も考えて夕食を作る。みんなが帰ってきて困らないように、間の時間を見つけては作っているのだ。なんとなく毎日食事をしてきたが、お母さんやおばあちゃんは、みんなの時間を考えながら料理していることがすごいと思う。

二つ目は「栄養」のことである。

僕は、野菜は苦手である。ピーマンやキノコ類など、あまり好きではない。〝弁当の日〟の前に主菜や副菜のことを考えてメニューを作る。できれば少なくしたいが、やはり栄養のバランスのことを考えるとしかたがないところがある。それに、苦手だった野菜も、弁当のおかずとして自分が作ったものは意外とおいしく食べられることに気づいた。

お母さんやおばあちゃんは家族みんなの体のことを考えて食事を作ってくれているのに、僕は野菜を食べずに残すことが今までよくあった。タマネギやピーマン、ナスなど、おばあちゃんが家で育てた季節の野菜なので、店で買うより新鮮なものばかりなのに、嫌がっていた。自分の体のことを考え、「栄養」のことを考え、少しずつでも食べなければと思う。

三つ目は「おいしいね」という言葉である。

〝弁当の日〟は自分の弁当のおかずだけでなく、家族の朝食のおかずになるように材料を、弁当にいれる三・四倍買って作る。少し時間はかかるが、どうせ作るならたくさん作ってみんなに食べてもらおうというお母さんの提案で、毎回、そうしている。家族の中で、大体僕が一番に朝、出かけるので朝食のおかずの感想は帰ってから聞く。

おばあちゃんは、なんでも「おいしかったわ」「じょうずにできとったわ」と言うが、お父さんやお姉ちゃんは「○○は何で味付けしたん?」とか「○○はおいしかったけど、○○はちょっと味が薄いわ」とか、良かったことも悪かったことも言う。だけど「○○、また作ってや」と言ってくれると、うれしくなって、またがんばろうと思う。
普段、食事をする時、「これ、おいしいな」と僕はよく言うが、お母さんはそのつど「誰が作ってもおいしいんや。そんなこと言わんでも…」と言う。でも僕は、それは違うと思う。自分で弁当を作るようになり、言われる側になって分かった。食事の間に聞く「おいしい」は作った人と食べる人の心を温かくするから、素直に言えることが一番いいと思うようになった。（略）
「おいしい」の一言からいろいろな話が出てくる。楽しかったり、笑ったり…、会話がはずむ。僕の家では、普段は仕事の関係で、みんながそろって食事をすることはないが日曜日はなるべく、一緒に食事をするようにしている。（略）楽しく話せる家族が一番いいと思う。
〝弁当の日〟がやってきたことで、家族のことを僕は少しずつ考えるようになったと思う。弁当を作るたびに、家族っていいなぁと思う。

「お母さんに、家族に、先生たちに感謝！」

2年　伊賀　智哉

（略）僕はいつも家でご飯作りの手伝いをしていたのですが、一番初めに弁当作りをしたときは、ご飯もおかずも何一つできませんでした。でも、学校の調理実習や、家の手伝いでだいぶん作れるようになりました。そのおかげで、最初に作ったおかずがたまご焼きでした。その時、家族に食べてもらって「とてもおいしい」と言われたのが一番うれしかったことです。そこから料理にはまっていって、たまご焼きを工夫して、中に明太子を入れるようにもなりました。

それから、（略）知らないうちに、たくさんの料理が作れるようになりました。そこから、お母さんに教えてもらいケーキ作りもするようになりました。（略）ときどき、自分で作ったケーキを、何か祝う時に学校に持っていって、クラスのみんなで楽しく祝っています。

こんな弁当作りやケーキ作りを教えてくれたお母さんには本当に感謝しています。あと、最初に作った卵焼きを褒めてくれた家族の人たちに感謝しています。なぜなら、あの時に家族の人に褒めてもらっていなかったら今ごろは、何の才能もないただの男だったかもしれないからです。だから、本当に感謝しています。

あと、学校の先生方にも感謝しています。先生が授業でしっかり教えてくれなかったらこんなにも弁当作りはうまくならなかったと思います。

それから、みんなが僕にたくさんのことを教えてくれたおかげでいろんなものが作れるようになってうれしいです。みんなにも本当に感謝しています。（略）

三つ目に、学級や学年や全校児童・生徒が〝弁当の日〟に取り組むことで子どもが成長します。コミュニケーション能力が高まるからです。「弁当の見せっこ」や「おかずの交換」や「料理への興味・関心・意欲・態度への相互刺激」が、級友への他者理解や、学級の帰属・仲間意識や、自尊感情を高めるからです。

自分ひとりで作った弁当をみんなが学校に持ってくるという〝弁当の日〟は、「弁当を自分の家庭で作らせることができる家庭だけが、自分の家庭の内だけでやればいい」という状況より、子どもを成長させるのです。

「食」の乱れが「心」と「体」の不健康を作っているのなら、「食」が乱れている家庭を良くしていく機会づくりに〝弁当の日〟導入の効果は大きいのです。

Q.9

“弁当の日”をもっと広めるため、親や教師になにか提案はありませんか。

A

「責任感共有」の合意で“弁当の日”をスタートするのはどうでしょう。

「“弁当の日”による事故の責任は誰もとらない。でも、みんなで事故の責任は感じよう」という、「責任感共有」の合意のもとで“弁当の日”をスタートするのです。大人みんなが強い責任感のもとで自分の役割や責任を果たす子育てを心がけましょう、という考えです。

家庭や学校や公民館活動で、大人たちが子どもたちに調理技術を伝えながら「子育ては楽しい」というオーラで子どもたちを包みこみ始めたら、多くの家庭で家族団らんの食卓が増えていくはずです。当然、“弁当の日”は実施しやすくなります。この「責任感共有」は、「他者に責任を取ってもらわない」という点で「事故は自己責任」という言葉と通じる感覚です。ですが、この二つは大きく異なる点があります。

たとえば「責任感共有」は、子どもが“弁当の日”のために家庭で野菜を切っていて指をケガしたとき、親も教師も「指導が十分でなかった」と責任を感じるのです。「事故は自己責任」というのはこのケースでいえば、家庭での事故は親の責任となり、教師は責任を感じなくていいし、責任を取らなくていいことになります。

この「合意」を確認するための文書の作成はしません。文書の作成そのものに責任追及を回避する発想があるからです。ですから〝弁当の日〟実施について、この「責任感共有」に合意ができない親は、「事故の責任をとってくれない」ことを理由に、親の責任において、親が作ったものか、市販の弁当や菓子パンなどをわが子に持たせればいいのです。そうすればその家庭で「事故」は発生しません。

でも、「事故」の心配をしなくていい範囲で、少しずつ子どもを台所に立たせる勇気を親が持つことを願っています。子どもも、いずれ親になるからです。慎重に〝弁当の日〟を繰り返せば、子どもの成長に大人たちの心配が杞憂であったことに気づいてくれると考えています。今までの〝弁当の日〟の全国展開がそれを裏づけてくれていると思っています。

この「責任感共有」の考えは、家庭・学校・地域に信頼関係がないとできません。私は校長としてこの信頼関係を構築するために〝弁当の日〟を活用してきました。

〝弁当の日〟実施は、赴任した3つの学校で、学校に不信感を抱いていた地域、教職員に不満を持っていた保護者、教員の言葉を信じない児童・生徒の状況を改善するきっかけになったと思っています。

地域が学校の取り組みを信じて任せてくれる、保護者が教職員の活動を支援してくれる、子どもたちが教職員の言葉に素直に応えてくれる場面が増えていき、それが子どもの成長をまねき、学校行事などで具体的に子どもの表情や行動に見え始めました。「地域に信頼される学校づくり」に〝弁当の日〟は大きな役目を果たしたのです。

でも〝弁当の日〟という抗生物質が効果を上げたのではありません。「家庭の仕事」「学校の仕事」「地域の仕事」という守備範囲意識を超えて、子どもたちの生活全体に責任感を持って真剣に取り組んだ教職員の活動ぶりに呼応して、家庭や地域も責任感を共有して教職員の仕事を支えてくれたということです。

そして、そんな教職員を育ててくれるのが、実は生徒たちなのです。

平成23年3月に綾川町立綾上中学校を卒業した生徒は、私の赴任と同時に入学してきました。彼らは2年間、私と一緒に中学校生活を過ごし、私は一年先に綾上中を去りました。

彼らの卒業式の日、私は講演のため沖縄にいました。卒業式に出席できなかったことは、今になってよかったと思っています。もし出席していたら、式の中で卒業生に語る機会はなく、「泣きみそ校長」のわたしは泣くだけだったと思うからです。沖縄に発つ前に祝電を打ちました。生徒への感謝の気持ちを語ったのです。

帰宅した後で、「校長先生の祝電披露で、生徒も保護者も来賓も泣きました」という報告を聞いて、やっぱり私は泣いたのです。その祝電です。

ご卒業おめでとうございます。


今でも、あなたたちの入学式のことをはっきりと覚えています。

そして一年目の一学期、一年団の先生たちは二度、崩壊寸前まで追い込まれました。

授業が成立しない、先生の短い話もじっとして聞くことができない日々が続いたからです。

学年主任の松本先生は私の考えを否定して、

「この子らは誉められていません。誉めて育てたい」と主張し、
本当に根気強く取り組みつづけたのです。


わずかずつですが、あなたたちの表情と行動に成長が見え始めたのは一学期末でした。

「校長先生、この子たち、もう大丈夫です！」

と、松本先生は一年生の夏休み前に、あなたたちの卒業式までの成長を予言しました。

そして、体育祭、文化祭、集団宿泊学習で、
その予言が正しかったことを、あなたたちが証明してくれました。

私が綾上中学校を去る日、あなたたちがしてくれた「お別れ会」の最中に、
私はどれだけたくさんのうれし涙を流したことでしょう。
38年間の教員生活の最後を祝ってくれるあなたたちの笑顔に囲まれた写真は、
「こんなステキな生徒が育っている、こんなステキな中学校がある！」
というニュースとして全国向けの新聞に大きな記事で紹介されました。

あなたたちの成長に、私たちはどれほど勇気づけられてきたことでしょう。
つまり、あなたたちが、綾上中学校の教師集団を育てたのです。
あなたたちはそのことを一生の誇りにしていい。
そして、あなたたちと向き合った先生たちも、
卒業していく「あなたたちの未来」を一生の誇りにします。

綾川町立綾上中学校　前校長　竹下和男

朝日新聞　２０１０年３月３１日　夕刊　１１ページ　大阪本社

師去りゆく春

年度末の31日、定年を迎えた人たちが職場を去る。仲間や後輩に慕われた思い出を胸に、第二の人生に踏み出す。

「弁当の日」提唱 香川の竹下校長

食の貴さ 伝え続ける

離任式の後、生徒たちに囲まれ笑顔を見せる竹下和男校長＝24日、香川県綾川町、林写す

香川県綾川《あやがわ》町立綾上《あやかみ》中学校の竹下和男校長(60)は、生徒自身の手作り弁当を学校に持ち寄る「弁当の日」の提唱者だ。食への感謝の心を育てる取り組みは39都道府県の約600校に広がった。引退後も講演や執筆活動で「食育」の意義を訴えるという。

竹下さんは1972年に教師になった。旧綾南町（現綾川町）の滝宮小学校長だった2001年2月、学校関係者の会議で給食作りの苦労話を耳にした。大量の食材を調達し、毎日定刻の搬入や調理が必要だ。「自分で弁当を作れば、その大変さを学べるのでは」「家族のために食事を作る親の尊さもわかる」と思った。達成感を味わうことで自主性も伸ばせると考えた。

その年の10月に「弁当の日」を始め、転勤先でも実践した。小学校では月1回程度、中学校では数カ月に1回程度。メニュー作り、食材購入、調理、盛りつけのすべてを生徒が担うのがルールだ。「栄養バランス」「いろどり」などのテーマを設け、出来栄えを感想文にまとめさせた。

包丁や火を使うことへの心配のほか、塾や部活動で忙しい子もおり、一部の保護者や同僚から反対されたこともある。だが、「生きる力をきっと育てるから」と説明した。

多くの生徒はおかずを作りすぎ、家族の口に入った。竹下さん自身も幼いころ、自営業で忙しい両親のために食事を作り、そうめんをゆですぎたことがある。だが喜んで平らげてくれて、「少しは役に立った」とうれしかった。「弁当の日」を発案した底流に、この体験がある。

取り組みは学校関係者の集まりや講演などを通じて全国に知られ、問い合わせや視察が相次いだ。「食育」の広がりとともに、ここ数年で実践校が増えたという。

24日に綾上中であった離任式で、竹下さんは生徒から花と色紙を贈られた。3年の大林愛さん(15)は「朝早くて大変だったけど、家族への感謝の思いが強くなった。生き物の命を食べて生きているんだと実感した」。今田麻衣子さん(15)は「時々家でもごはんを作る。とても喜んでもらえる」と胸を張った。

「『もう絶対においしくないと言いません』と宣言してくれた子どもを忘れることはありません。食の貴さを今後も訴え続けたい」と竹下さんは言う。

（林亜季）

2010年3月31日付　朝日新聞夕刊で大きく紹介されました。

西日本新聞の大型連載企画「食卓の向こう側」シリーズで、“弁当の日”の取組みがクローズアップされたのをきっかけに、インターネット上に**「食卓の向こう側」**食育セミナーの掲示板がスタート。全国の小・中・高校、大学などから「弁当の日」の広がりを伝えるメッセージが届いています。
http://e-kyudai.com/imgbbs/index.php

「弁当の日」ホームページもできました。
だしを取って味噌汁1杯から始める、「弁当箱に詰めるだけ」から、買い出し～後片付けまでの完璧コースまで自分で選べる、といったさまざまなやり方で“弁当の日”の実践に取り組んでいる教師、学校職場、地域など、全国各地からの実践報告や、竹下さんをはじめとする講師陣の講演、イベントなど最新の情報をお知らせしています。
http://d.hatena.ne.jp/bentounohi/

あとがき

講演後、著書のサイン会場で、あるおばあちゃんがこんな話をしてくれました。

「先生は講演の最初に、乳がんで亡くなる前に5歳の娘に料理を教えたお母さんの話をスライドショーで紹介されました。実は、私の娘も乳がんで他界しました。だから孫息子を引き取って、私が育てているのです。

その8歳の孫がときどき〝お母さんのハンバーグを食べたい〟と私にせがんできます。そのつど私が手作りのハンバーグを作ってきましたが、孫はいつも首をかしげて〝お母さんのハンバーグの味と違う〟と言うのです」

私は娘流のハンバーグレシピを生前に聞いていませんでした。これまでずいぶんと、調理手順も材料も隠し味も工夫してきました。それでも〝違う〟と言われ続けて疲れきっているのです。だから先日、〝もう、お母さんのハンバーグを食べたいと言わないで〟と孫に言い聞かせたのです」

本当にくたびれている様子でした。

講演のとき、「いちばん幼い時の記憶を思い出してください」と問い、1歳刻みで挙手をしてもらうと、ほとんどの参加者は3歳から手を挙げはじめます。私は「3歳以前は記憶機能そのものがまだできていない」と思っています。

普通の環境に育てば、人間の五感（見る、聞く、かぐ、味わう、触れる）の発達もDNAに組み込まれたプログラムのとおりに発現していきます。その五官（眼、耳、鼻、舌、皮膚）は何よりも危険回避、生命維持のために発達します。捕食・餓死・病死から逃れ、食べ、生き続ける能力です。

哺乳動物は2億2千万年前頃に誕生しました。現在の人間の「味わう」能力は、3～9歳の舌の味覚芽の発達でほぼ完成します。3歳以前は母乳を飲んでいれば食の安全は確保されています。

しかし9歳になっても「苦い、塩辛い、酸っぱい」の味覚が育っていなければ、活動範囲が広がり、親の目の届かないところで手当たりしだいに草木虫魚を食べ、体調を崩すか、死にいたる可能性が高くなります。これらの味覚の食べ物は、食べ過ぎると体に良くないことを教えてくれます。でも適量なら有効なミネラルが含まれている分、重宝な薬にもなるのです。味覚が発達する度合いも3歳がピークで、以後は9歳まで下降するのみだそうです。この下降線が、味覚が急いで獲得されるべき、危険回避に重要な能力であることを物語っています。

記憶・味覚の発達の時期が「3歳から」と符合する事実から、私は「おふくろの味」という言葉に想いを巡らせています。「おふくろの味」の中に、生後しばらくの乳児期に飲んだ「母乳の味」を言う人はいません。「おふくろの味」とは、幼いころからよく食べさせてもらった「母親の料理の味」なのです。

授乳期の乳児は食べ物を母親に100%依存しています。ですから完全に離乳食になるということは、いわば母親からの自立を意味します。食物さえ摂取できれば母親はいなくても生きていけるわけですから。

私は「料理とは、食材の命に自分の命を和えること」と定義しています。料理を作るために要した時間（寿命）が料理に和えられていると考えているのです。ですから、「おふくろの味」とは「母親の命の味」とも言えるのです。

自分なりの味付けをしてわが子に食べさせる母親は、自分から自立（分離）していくわが子に、「おふくろの味」という見えない「命の刻印」を舌の中に遺すことになります。もちろんその味を遺すのは、父親でも他の家族でもいいのです。父親は、母乳は与えられませんが「おやじの味」は与えられます。言い方を替えれば、それが「親子の絆」「家族の絆」なのです。

さて、最初の話の続きです。

「でも、今日の先生の講演を聞いて、もう少しハンバーグ作りを頑張ってみることにしました。孫の舌の中に、私の娘が（味覚で）生きています。再現できたら、そのハンバーグを作ってやるたびに、私の娘が生き返ることになるのです」

私のサイン入りの本を抱えて去っていくおばあちゃんの背中に精彩はありませんでした。おばあちゃんのその言葉のあまりの重さに、小さく「がんばって」としか言えなかった自分を責めています。今になって、そのとき、こんなことを言ってあげられなかったことを悔やんでいます。

「再現できるといいですね。もし、できなくても〝おばあちゃんの味〟は必ず伝わりますよ。そう思って、のんびり構えていればいいのです。おばあちゃんの苦悩を理解し、努力に感謝してくれる日がきっと来ますよ」

この本は、綾上中学校の2年間（2008～2009年度）の実践と講演の一部をまとめたものです。『〝弁当の日〟がやってきた』（綾川町立滝宮小学校）、『台所に立つ子どもたち』（高松市立国分寺中学校）に次いで、〝弁当の日〟の実践本としては3冊目になります。そして私は2010年3月末日で定年退職をしましたから、新たな実践本はもう出せません。

これまでの実践本2冊と同じように、この本の印税はすべてその学校に還元することにしています。今回は綾上中です。それぞれの本は、弁当作りに取り組んだ当時の生徒と親と教職員が残した、それぞれの学校の「文化遺産」だからです。だから、今回も著者は学校と私の共著とし、生徒たちの作文も引用しました。その「文化遺産」の収益金が未来の生徒の成長に役立てられる事実が、関係者の誇りにもなります。

綾上中の〝弁当の日〟を支えてくれたすべての人たちに感謝の気持ちをこめ、その取り組みを紹介しました。そして講演ネタの紹介は、子育ての要諦を伝える、普遍性のあるメッセージになっていると確信しています。

また〝弁当の日〟の実施校がもっとひろがるようにという思いを込めて、Q&Aの形式で現実的な問題にふれてみました。しかし、ハウツーものとして読んでほしくありません。「子どもが作る〝弁当の日〟を、ぜひ、わが校で実施したい」と真剣に考えれば、解決方法はなんとか思いつくものだからです。

子どもが大好きで教師になって、38年が終わりました。〝弁当の日〟は私の教師生活の一部でしかありません。しかし〝弁当の日〟のおかげで、学校教育は教師と児童・生徒との関係だけで成り立っているのではないことを全国に提案できたことは幸運でした。

全国には、〝弁当の日〟以上にすばらしい結果を出している実践方法があるはずです。現役の教員がその情報を全国の学校から積極的に発信しはじめたとき、日本の子どもが育つ環境づくりが大きく前進を始めると思っています。

この本は、その礎の一つとなりたいのです。

最後に、子どもが作る〝弁当の日〟に係る本を出版する機会を4度も与えてくださった自然食通信社の横山豊子さん、〝弁当の日〟をここまで広げてくださった全国の〝弁当の日〟応援団員、そして私の講演・執筆活動を支えてくれた妻と息子に心から深く感謝します。

平成24年2月20日

竹下和男

著者

竹下和男（たけしたかずお）

1949年、香川県生まれ。
香川大学教育学部卒業。
県内の小・中学校、教育行政職を経て、
2000年より綾南町（現綾川町）立滝宮小学校、
2003年より国分寺町（現高松市）立国分寺中学校、
2008年より綾川町立綾上中学校校長。
2010年3月定年退職。現在はフリーで講演・執筆活動を行っている。
著書『"弁当の日"がやってきた』（共著）／『台所に立つ子どもたち』（共著）／『始めませんか 子どもがつくる「弁当の日」対談・鎌田實＆竹下和男』（共に自然食通信社）『安藤昌益』（共著　光芒社）／『泣きみそ校長と弁当の日』（共著　西日本新聞社）／『できる！を伸ばす弁当の日』（編著　共同通信社）他。

香川県綾川町立綾上中学校

「ごちそうさま」もらったのは"命"のバトン
～子どもがつくる"弁当の日"10年の軌跡～
シリーズ・子どもの時間6

2012年3月20日　初版第1刷
2020年2月25日　　　第3刷

著　者　竹下和男/香川県綾川町立綾上中学校

発行者　横山豊子

発行所　有限会社自然食通信社
〒113-0033 東京都文京区本郷2-12-9-202
電話03-3816-3857　FAX03-3816-3879
http://www.amarans.net
振替 00150-3-78026

装丁・本文組版　橘川幹子／イラスト しらとりだいすけ

印刷所　吉原印刷株式会社
製本所　株式会社積信堂

ISBN 978-4-916110-82-4

シリーズ・子どもの時間

シリーズ❶ からだといのちと食べものと

鳥山敏子著　定価一六〇〇円＋税（品切）

「ジャガイモの声を聴こう」「さっきまで生きていた豚の腎臓だよ」人間は無数のいのちをもらって生きていることを学ぶ子どもたち。教室の枠を越え、さまざまな人や生き物を介して広がる授業体験のなかで、子どもたちのからだは生き生きとした鼓動を取り戻していく。

シリーズ❷ おもしろ学校ナトリのライブ

名取弘文著　定価一六〇〇円＋税

「いいじゃない。おもしろいだけで」子どもたちと雑踏の中へ飛び出し、ゲストを呼んでの公開授業で大いに盛り上がる。あれしちゃいけない、これはまずいの学校の中、時にとぼけて、時にマジの自分に照れながら切り返す家庭科専科ナトリの技の数々。軽やかでイキのいいライブ仕立てでお届けします。

シリーズ❸ 〝弁当の日〟がやってきた

子ども・親・地域が育つ
香川・滝宮小学校の「食育」実践記

竹下和男／香川県綾南町立滝宮小学校著
新装改訂版　定価一六〇〇円＋税

それは10年前、ひとりの小学校長の「親は手伝わないで」の一言から始まった。月に一度給食をストップし、５・６年生全員が家で弁当を作るという全国初の試み。親たちの不安を吹き飛ばしたのは、子どもたちが持ち寄った自慢弁当と誇らしげな笑顔。〝弁当の日〟は全国の小中高校、大学、地域へと広がり、実施校も１０００校に（２０１１年度末）。大学生になった〝一期生〟たちの「弁当の日の意義が今ならよくわかる」との声も新装版では収められた。

シリーズ❹ 台所に立つ子どもたち

〝弁当の日〟からはじまる「くらしの時間」香川県国分寺中学校の食育

竹下和男／高松市立国分寺中学校著　定価一六〇〇円＋税

子どもの「生きる力」を目覚めさせた『弁当の日』が隣町の中学校にもやってきた。家族との間にくらしの時間が共有されることの深い意味合いが、弁当づくりを通して浮かび上がる。競争と評価がのしかかる子どもたちを救いたいとの著者の想いは教師、親、地域を動かしていく。

シリーズ❺ 始めませんか子どもがつくる「弁当の日」

対談・鎌田實＆竹下和男　定価一六〇〇円＋税

弁当づくりを通して、「してもらう」より、「心をこめてしてあげる」喜びに目覚める子どもたち。親も学校も開かれていく数々の〝事件〟に、地域医療の改革に長年取り組んできた鎌田氏は『弁当の日』という、学校の小さなイベントが、実は教育現場を揺るがすような大きな構想に裏打ちされている」と激賞。子どもや患者を思うあったかい教育と医療をめぐって深い共感とともに対話が交わされた。